Zeichnen Lernen

Den Bleistift umarmen - Ein Weg zum kreativen und selbstbewussten Selbstausdruck.

Tipps und Tricks, um in 30 Tagen ein Experte zu werden

PAPERARTWORD

Urheberrecht © 2024 von Paperartword

Alle Rechte vorbehalten. Kein Teil dieser Publikation darf ohne vorherige schriftliche Genehmigung des Autors in irgendeiner Form oder mit irgendwelchen Mitteln, einschließlich Fotokopien, Aufzeichnungen oder elektronischen oder mechanischen Mitteln, vervielfältigt, verbreitet oder übertragen werden, mit Ausnahme von kurzen Zitaten in kritischen Rezensionen und bestimmten anderen nicht-kommerziellen Verwendungen, die durch das Urheberrecht erlaubt sind.

Erste Auflage: [2024].

Haftungsausschluss: Die in diesem Buch enthaltenen Informationen und Ratschläge dienen nur der allgemeinen Information. Der Autor und der Verlag übernehmen keine Verantwortung für Handlungen, die auf der Grundlage der in diesem Buch enthaltenen Informationen vorgenommen werden. Den Lesern wird empfohlen, je nach ihren spezifischen Bedürfnissen und Umständen professionellen Rat und Anleitung einzuholen.

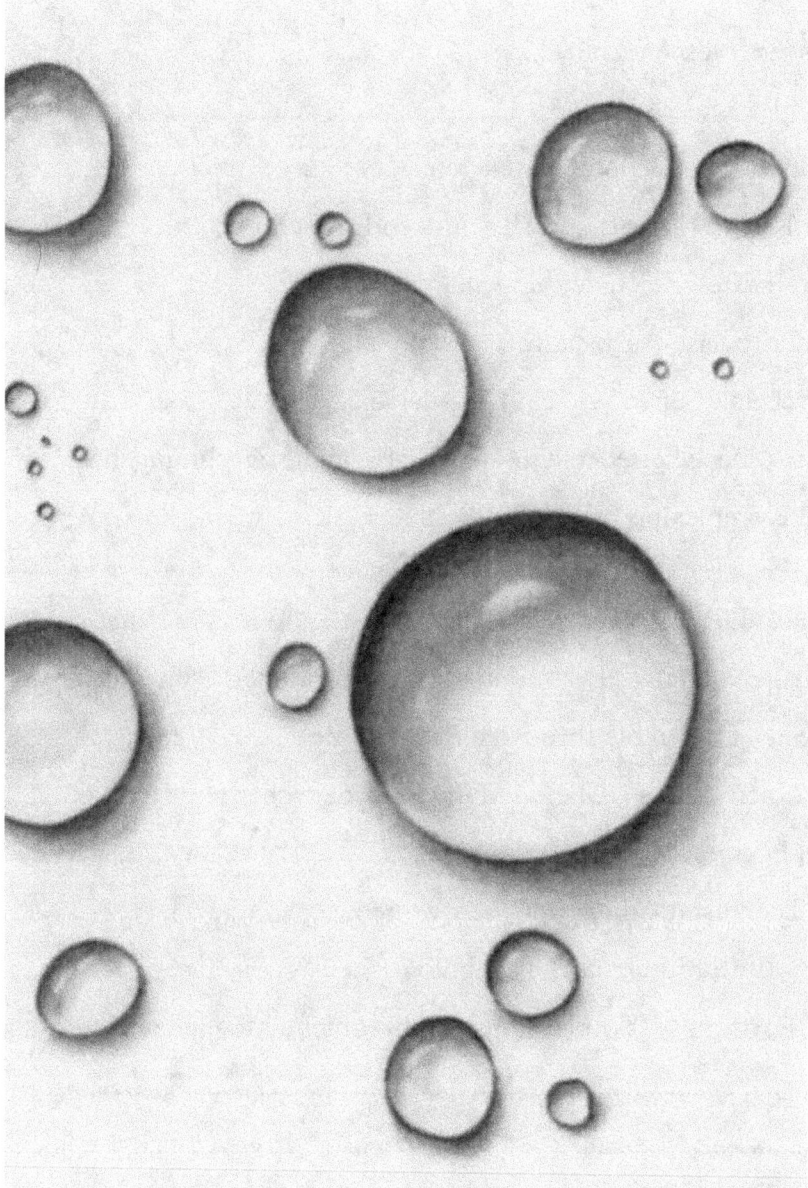

Zusammenfassung

Einführung: Zeichnen, das jeder lernen kann 1

Teil I: Aufbau einer soliden Basis 3

Kapitel 1: Die wahren Grundlagen - Bei Null Anfangen 4

Kapitel 2: Die Sprache der Kunst - Begriffe und Techniken Einfach Erklärt 6

Kapitel 3: Erste Züge - Ihre Ersten Zeichenübungen 9

Teil II: Ihre Fähigkeiten Schrittweise Ausbauen 13

Kapitel 4: Das Auge Entwickeln - Sehen Wie ein Künstler 15

Kapitel 5: Schritt für Schritt - Detaillierte Anleitungen für Einfache Zeichnungen 17

Kapitel 6: Hinzufügen von Komplexität - Einführung Neuer Elemente in Einem Angenehmen Tempo 20

Teil III: Vertiefte Techniken - Der Werkzeugkasten des Künstlers Wird Geöffnet 28

Kapitel 7: Über die Grundlagen Hinaus - Erkundung Fortgeschrittener Techniken 29

Kapitel 8: Variationen im Stil - Finden Sie Ihre Persönliche Note 33

Kapitel 9: Gemeinsame Problemlösung - Überwindung Künstlerischer Hindernisse 39

Teil IV: Beherrschung und Fortgeschrittene Konzepte 42

Kapitel 10: Professionelle Techniken - Ihre Kunst Aufwerten 46

Kapitel 11: Digitale Kunst - Einführung in die Technologischen Werkzeuge 50

Kapitel 12: Erstellen eines Portfolios - Vorbereitung auf Berufliche Möglichkeiten 55

Anhang 60

Schlussfolgerung 63

Bonus 1: 30-Tage-Herausforderung zum Zeichnen 66

Bonus 2: Das persönliche Kunsttagebuch 74

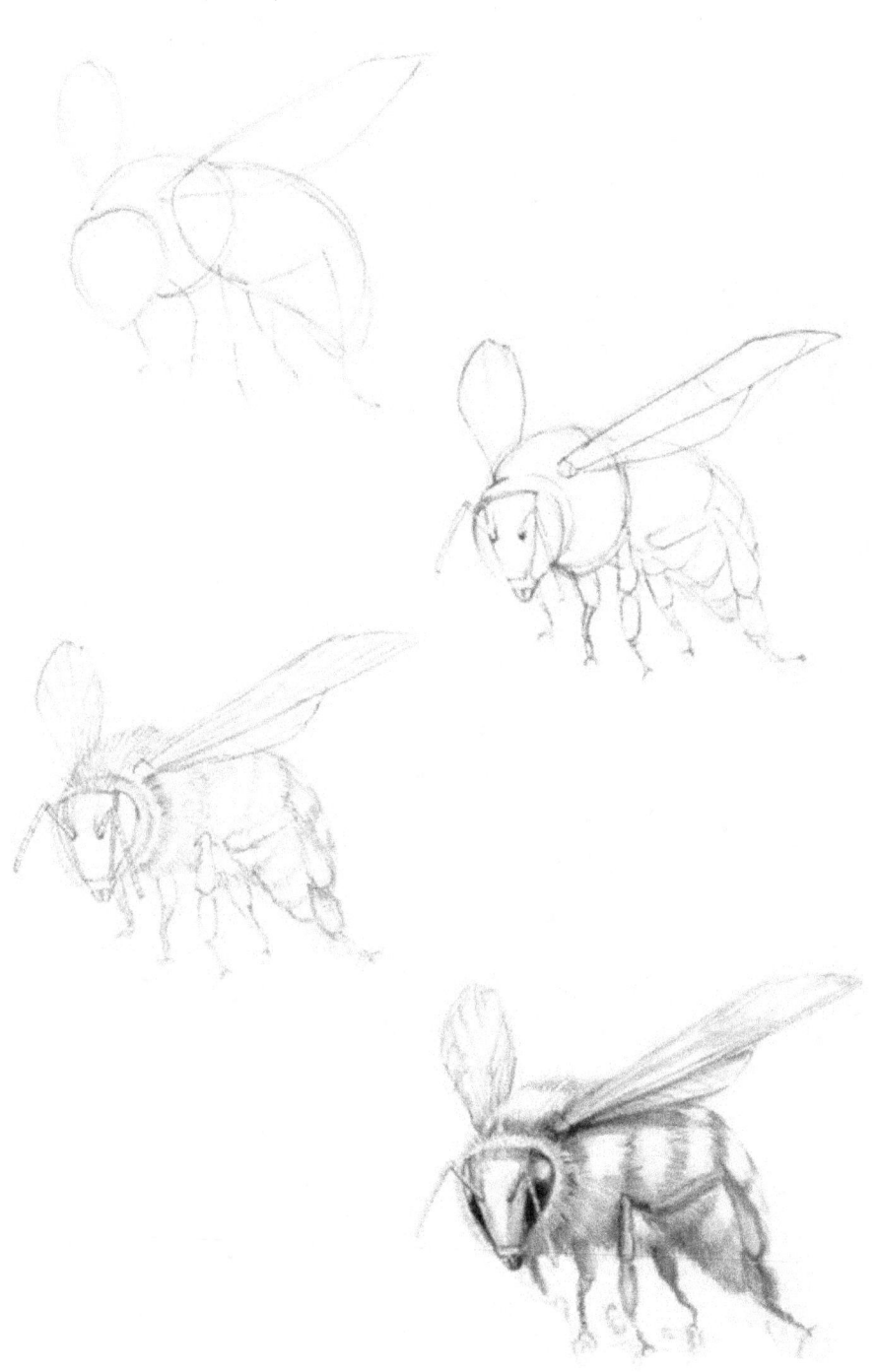

Einführung: Zeichnen, das jeder lernen kann

Willkommen, liebe Leserin, lieber Leser, auf einer Reise, für die Sie nur Ihren Enthusiasmus und einen einfachen Bleistift brauchen. Ganz gleich, ob Sie schon lange künstlerische Ambitionen hegen oder nur aus einer Laune heraus einen Stift in die Hand genommen haben, dieses Buch ist für Sie. Sein Zweck? Es soll zeigen, dass jeder - auch Sie - das Zeichnen lernen kann.

Sie fragen sich vielleicht: "Warum zeichnen?" Nun, es ist einfach und komplex zugleich. Beim Zeichnen geht es nicht nur darum, das zu reproduzieren, was man sieht, sondern es ist ein zutiefst introspektiver Prozess, der Sie auf einer elementaren Ebene mit der Welt verbindet. Es ermöglicht Ihnen, Ihre Gefühle auszudrücken, Geschichten zu erzählen und sogar Ihre tiefsten Gedanken zu erforschen. Beim Zeichnen geht es weniger um das fertige Meisterwerk als vielmehr um die Reise der Schöpfung.

Dieser Leitfaden soll Sie auf dieser künstlerischen Odyssee begleiten. Wir werden mit den Grundlagen beginnen, ohne Annahmen darüber zu treffen, was Sie vielleicht wissen oder nicht wissen. Die Sprache wird einfach und frei von Jargon sein - schließlich ist Kunst universell, und so sollte auch ihre Sprache sein.

Was können Sie erwarten? Teil I schafft eine solide Grundlage, indem er Ihnen die Grundlagen vermittelt. Stellen Sie sich das so vor, als würden Sie krabbeln lernen, bevor Sie laufen. Sobald Sie sich mit diesen Grundlagen wohlfühlen, wird es Ihnen leichter fallen, komplexere Themen und Techniken in Angriff zu nehmen.

In Teil II werden Sie die wahre Magie erleben. Wir werden uns in Techniken vertiefen, die Ihre Fähigkeiten schrittweise, aber tiefgreifend verbessern werden.

Teil III befasst sich mit komplexeren Aspekten des Zeichnens. Ob es nun darum geht, das Zusammenspiel von Licht und Schatten zu verstehen oder die Kunst der Perspektive zu meistern, dieser Teil wird Ihr künstlerisches Arsenal erweitern.

Teil IV richtet sich an diejenigen, die ihre Kunst auf ein professionelles Niveau bringen wollen. Das bedeutet nicht, dass Sie Ihre Arbeiten verkaufen müssen. "Professionell" ist hier eher eine Geisteshaltung, in der Sie die Feinheiten der Kunst beherrschen.

Nicht zu vergessen sind die Anhänge mit Schritt-für-Schritt-Übungen, ein Glossar ohne Fachjargon und ein Verzeichnis von Ressourcen für das weitere Lernen.

Warum dieses Buch? Es gibt zahllose Bücher über das Zeichnen, warum also ausgerechnet dieses? Wir verstehen die Frustrationen und das Zögern der Anfänger. Dieses Buch lehrt nicht nur das Zeichnen, es ist auch ein geduldiger Mentor. Wir erkennen die Hindernisse auf dem Weg und feiern die Erfolge, wie klein sie auch sein mögen. Am Ende Ihrer Reise mit diesem Leitfaden werden sich nicht nur Ihre technischen Fähigkeiten verbessert haben, sondern Sie werden auch eine neue Wertschätzung für die Kunst und Wissenschaft des Zeichnens haben.

Also, lieber Leser, denken Sie beim Umblättern daran, dass jeder Bleistiftstrich ein Schritt nach vorn ist. Niemand wird über Nacht ein Meister, aber jeder muss irgendwo anfangen. Und es gibt keinen besseren Ort, um anzufangen, als genau hier und jetzt.

Machen Sie sich bereit, Ihren Bleistift in die Hand zu nehmen, Ihre Kreativität zu entfesseln und Ihre Spuren auf der Leinwand der Welt zu hinterlassen.

Teil I: Aufbau einer soliden Basis

Einführung

Ah, die Basis - wo alle großen Dinge beginnen. Stellen Sie sich vor, Sie bauen ein Haus. Würden Sie mit dem Dach beginnen? Sicherlich nicht! Sie würden zuerst ein solides Fundament errichten. Das gleiche Prinzip gilt für das Zeichnenlernen. Egal, ob Sie ein absoluter Anfänger sind oder bereits mit dem Zeichnen experimentiert haben, die Schaffung eines soliden Fundaments ist für die weitere Entwicklung unerlässlich.

In diesem ersten Teil des Buches werden wir zu den Grundlagen zurückkehren. Und mit Grundlagen meinen wir die Grundlagen: die Linien, die Formen und sogar die Art und Weise, wie Sie Ihren Bleistift halten. Dies sind die ABCs des Zeichnens, die Bausteine, die alle großen Künstler verwendet haben, um Meisterwerke zu schaffen. Dennoch werden diese Elemente oft übersehen oder in der Eile, etwas "Cooles" oder "Kompliziertes" zu zeichnen, überstürzt.

Aber keine Sorge! Wir machen es fesselnd. Denken Sie daran, wie Sie kochen lernen - Sie müssen erst einfache Zutaten verstehen, bevor Sie ein komplexes Gericht meistern können. Sie werden zunächst etwas über Linien und Formen lernen und dann zu Form und Proportionen übergehen. Das Ziel ist es, die Kunst des Zeichnens zu entmystifizieren und Ihnen zu zeigen, wie handlich sie sein kann und, ja, wie viel Spaß es machen kann, sie von Grund auf aufzubauen.

Also krempeln Sie die Ärmel hoch und spitzen Sie die Bleistifte. Deine Basis wartet auf dich, und sie ist der erste Schritt auf dieser schönen Reise zum persönlichen künstlerischen Ausdruck.

Kapitel 1: Die wahren Grundlagen - Bei Null Anfangen

Der weiße Tisch

Willkommen zu Kapitel 1! Wie der Titel schon sagt, fangen wir bei Null an - einer weißen Tafel. Mach dir keine Sorgen, wenn du denkst, dass du nicht einmal einen kleinen Mann zeichnen kannst; genau deshalb bist du hier. Lassen Sie uns alle Selbstzweifel und vorgefassten Meinungen über Kunst und Talent beiseite legen. Das Ziel dieses Kapitels ist es, dass du dich mit dem Gedanken anfreunden kannst, dass du zeichnen kannst.

Die Wichtigkeit Ihrer Werkzeuge

Sie brauchen keine ausgefeilten Zeichenwerkzeuge, um mit dem Zeichnen zu beginnen; ein einfacher Bleistift und ein Blatt Papier genügen. Der Bleistift ist Ihr Zauberstab, und das Papier ist Ihr verzaubertes Reich. Im Laufe der Zeit werden Sie vielleicht verschiedene Arten von Bleistiften, Papier und anderen Medien ausprobieren wollen, aber für den Moment wollen wir es einfach halten.

Bleistift-Griffe

Ihre Beziehung zum Bleistift ist wie eine Partnerschaft; sie muss für beide Seiten vorteilhaft sein. Es gibt verschiedene Arten, einen Bleistift beim Zeichnen zu halten:

- **Schreibgriff:** Genau wie beim Schreiben.
- **Freihandgriff:** Halten Sie den Stift zwischen dem Daumen und den ersten beiden Fingern, so dass Sie einen breiteren Strich ziehen können.

Experimentieren Sie und finden Sie heraus, was sich für Sie am besten anfühlt. Denken Sie daran, dass es in der Kunst keine Einheitslösung gibt, die für alle passt.

Die Linien: Die Wirbelsäule jeder Zeichnung

Alles beginnt mit einer Linie - buchstäblich. Es ist erstaunlich, dass jedes komplizierte Kunstwerk mit einem so einfachen Element beginnt. Linien gibt es in allen Formen und Größen: gerade, gebogen, dick, dünn und so weiter.

Arten von Linien

- **Geradlinige Linien:** Das sind unsere Soldaten, die stolz und unbeweglich stehen. Sie sind das Rückgrat der geometrischen Formen und Strukturen.
- **Gebogene Linien:** Sie sind die Tänzer, anmutig und fließend. Sie bringen Weichheit und Bewegung in Ihr Werk.
- **Unterbrochene Linien:** Betrachten Sie diese als Ihren Morsecode, der Grenzen und Wege markiert, aber auch Lücken und Fantasie zulässt.

Übung 1: Üben Sie mit Linien Nehmen Sie ein Blatt Papier und zeichnen Sie Linien. Beginnen Sie mit geraden Linien und gehen Sie dann zu Kurven über. Machen Sie sich keine Sorgen um Perfektion; es geht nur um Übung und um das Gewinnen von Vertrauen.

Formen: Die DNA der Komplexität

Nach den Linien ist der nächste logische Schritt die Form. Kreise, Quadrate, Dreiecke - du kennst sie seit dem Kindergarten, aber jetzt wirst du sie in einem neuen Licht sehen.

Arten von Formen

- **Geometrisch:** Das sind die Standardformen wie Quadrate und Kreise.
- **Organisch:** Dies sind die freien, unregelmäßigen Formen, die oft natürliche Elemente darstellen.

Übung 2: Auf der Jagd nach Formen Schau dich um. Identifizieren Sie Objekte und versuchen Sie, sie in Grundformen zu zerlegen. Skizziere diese Formen auf deinem Papier.

Kombiniere Linien und Formen

Hier beginnt die Magie. Wenn du lernst, Linien und Formen effektiv zu kombinieren, bist du auf dem besten Weg, alles zu schaffen, was du dir vorstellen kannst.

Übung 3: Elemente kombinieren Versuchen Sie, ein einfaches Objekt mit einer Kombination aus Linien und Formen zu zeichnen. Vielleicht ein Baum oder ein Haus. Denken Sie nicht zu viel darüber nach; es geht um Übung, nicht um Perfektion.

Raum, Form und Proportion

Lassen Sie uns ein wenig über diese drei Musketiere sprechen. Wenn Sie diese Elemente verstehen, können Sie die Qualität Ihrer Zeichnungen erheblich verbessern:

- **Raum:** Bezieht sich auf die Leere oder den Bereich zwischen, um, über, unter oder innerhalb von Objekten.
- **Form:** Stellen Sie sich die Form als eine 3D-Form vor. Sie hat eine Tiefe, Höhe und Breite.
- **Proportion:** Bezieht sich auf die Größenverhältnisse zwischen Objekten.

Die Freude an Fehlern

Die Sache ist die: Sie werden Fehler machen, und das ist völlig normal. Jeder Fehler ist eine versteckte Lektion. Manche Fehler können Sie sogar dazu bringen, neue Techniken oder Stile zu entdecken, die Sie nie für möglich gehalten hätten.

Zusammenfassung

Herzlichen Glückwunsch! Sie haben gerade die ersten Schritte auf einer lebenslangen Reise der Kreativität und des persönlichen Ausdrucks unternommen. Sie haben mit den grundlegendsten Elementen - Linien und Formen - begonnen und gelernt, darauf aufzubauen.

Kapitel 2: Die Sprache der Kunst - Begriffe und Techniken Einfach Erklärt

Willkommen zum Vokabelkurs, von dem Sie nie wussten, dass Sie ihn brauchen

Stellen Sie sich vor, Sie betreten zum ersten Mal eine Konditorei und werden von Begriffen wie "Ganache", "Fondant" oder "Sauerteig" überwältigt. Sie wissen vielleicht, dass sie etwas mit Backen zu tun haben, aber was genau? Auch die Welt der Kunst hat ihr eigenes Vokabular. Doch keine Angst! Wir sind hier, um diese scheinbar komplizierten Wörter in eine einfache Sprache zu übersetzen.

Das Glossar der Grundbegriffe

Beginnen wir mit einigen Schlüsselbegriffen, die Ihnen die Reise durch die Welt der Kunst erleichtern werden:

- **Medium:** Bezieht sich auf das Material, das zur Herstellung der Kunst verwendet wird. In unserem Fall handelt es sich hauptsächlich um Stifte und Papier.
- **Textur:** Die wahrgenommene Oberflächenbeschaffenheit eines Kunstwerkes. Sie kann rau, glatt oder etwas dazwischen sein.
- **Komposition:** Die Art und Weise, wie Elemente in Ihrem Kunstwerk angeordnet sind, seien es Linien, Formen oder sogar leere Räume.
- **Perspektive:** Die Art und Weise, wie Objekte dem Auge erscheinen, basierend auf ihrer Größe und Position im Verhältnis zum Betrachter.

Qualität der Linie: Mehr als nur eine Linie

Sie haben etwas über Linien gelernt, aber wussten Sie auch, dass Linien Qualitäten haben können? Die "Qualität" einer Linie bezieht sich auf ihre Einzigartigkeit: Sie kann dünn oder dick, glatt oder unregelmäßig sein. Wenn du die Qualität deiner Linie veränderst, kann sich die Stimmung deines Werks drastisch verändern.

Übung 1: Test der Linienqualität Zeichnen Sie eine Reihe von Linien. Experimentieren Sie, indem Sie den Druck auf Ihren Bleistift verändern, um die Dicke der Linien zu variieren. Machen Sie einige Linien glatt und andere uneben. Beobachten Sie die unterschiedlichen Gefühle, die sie hervorrufen.

Grundlagen der Komposition: Drittel-Regel

Die Drittel-Regel ist eine einfache Technik zur Verbesserung der Komposition Ihrer Arbeit. Stellen Sie sich vor, dass Ihre Zeichenfläche durch zwei gleichmäßig verteilte horizontale und zwei gleichmäßig verteilte vertikale Linien in neun gleiche Teile unterteilt ist. Wenn Sie Elemente entlang dieser Linien oder an ihren Schnittpunkten platzieren, wird die Komposition ausgewogener und visuell ansprechender.

Übung 2: Üben Sie die Drittel-Regel Skizzieren Sie eine einfache Landschaft oder eine Gruppe von Objekten und verwenden Sie dabei die Drittel-Regel. Merken Sie, wie Ihre Arbeit dadurch ansprechender wird?

Perspektive: 1-Punkt, 2-Punkt, 3-Punkt
Die Perspektive trägt dazu bei, ein Gefühl von Tiefe zu erzeugen, so dass 2D-Bilder wie 3D aussehen. Lassen Sie uns über die drei häufigsten Arten sprechen:
- **1-Punkt-Perspektive:** Ein Fluchtpunkt am Horizont. Ideal zum Zeichnen von Straßen oder Korridoren.
- **2-Punkt-Perspektive:** Zwei Fluchtpunkte. Nützlich für das Zeichnen von Gebäuden oder schräg stehenden Objekten.
- **3-Punkt-Perspektive:** Drei-Punkt-Perspektive. Wird für dramatische Szenen oder bei der Betrachtung von Objekten aus einer großen Höhe oder Tiefe verwendet.

Übung 3: Mit der Perspektive spielen Zeichnen Sie einen einfachen Raum in 1-Punkt-Perspektive. Versuchen Sie dann, ein Haus oder einen Würfel in 2-Punkt-Perspektive zu skizzieren. Wenn Sie sich der Herausforderung stellen wollen, versuchen Sie es mit der 3-Punkt-Perspektive!

Schattierung und Farbton: Das Gewürz der Kunst
Unter Schattierung versteht man die Technik, die Klarheit und Dunkelheit in einer Zeichnung zu variieren, um ein Gefühl von Volumen und Tiefe zu vermitteln. Der Begriff "Ton" bezieht sich auf die Abstufung von Hell und Dunkel.

Arten der Schattierung
- **Schraffur:** Parallele Linien.
- **Kreuzschraffur:** Sich kreuzende Linien.
- **Tüpfeln:** Punkte zum Erzeugen von Ton.
- **Verwischen:** Weicher Farbverlauf.

Übung 4: Schattierungsbeispiel Erstellen Sie einen Kreis und wenden Sie verschiedene Schattierungstechniken an. Beobachten Sie, wie jede Technik dem Kreis eine einzigartige Qualität verleiht.

Das Geheimnis der Farbe lüften (auch wenn wir uns auf den Bleistift konzentrieren)
Obwohl wir uns in erster Linie mit Bleistiften beschäftigen, kann es hilfreich sein, die Grundlagen der Farbtheorie zu verstehen. Wir werden nicht in die Tiefe gehen, aber Primärfarben (Rot, Gelb, Blau), Sekundärfarben (entstehen durch Mischen von Primärfarben) und Tertiärfarben (Mischen von Primär- und Sekundärfarben) können nützlich sein.

Übung 5: Skala der Werte
Erstellen Sie mit Ihrem Bleistift eine Werteskala von dunkel nach hell. Versuchen Sie nun, eine Komposition mit hohem Kontrast und eine andere mit niedrigem Kontrast zu erstellen. Welche Unterschiede bemerken Sie in der Stimmung, die sie hervorrufen?

Elemente und Prinzipien der Gestaltung
In der Kunst sind die Elemente (Linie, Form, Wert, Raum, Textur und Farbe) die Bausteine, und die Prinzipien (Gleichgewicht, Kontrast, Betonung, Bewegung, Muster, Rhythmus und Einheit) sind die Regeln, die auf diese Bausteine angewendet werden.

Übung 6: Erkennen von Elementen und Grundsätzen
Betrachten Sie ein berühmtes Kunstwerk. Versuchen Sie, so viele Elemente und Prinzipien wie möglich zu erkennen. Sie werden beginnen, Kunst durch eine neue Linse zu sehen!

Anatomie eines Bleistifts: Es geht nicht nur um Holz und Graphit
Das Verständnis für dein Werkzeug kann einen großen Unterschied machen. Ein Bleistift besteht aus mehreren Teilen: dem Holzgehäuse, dem Graphitkern und sogar dem daran befestigten

Radiergummi. Jede Art von Bleistift (vom harten H-Bleistift bis zum weichen B-Bleistift) hat ihren eigenen Zweck.

Übung 7: Bleistifttest

Zeichnen Sie mit verschiedenen Bleistifttypen denselben Gegenstand. Achten Sie auf die Unterschiede in der Linienqualität, der Textur und den Schattierungsmöglichkeiten.

Das Papier verstehen: Die Leinwand des Bleistiftkünstlers

Ja, auch das Papier, das Sie verwenden, kann Ihr Kunstwerk beeinflussen. Die Beschaffenheit des Papiers kann die Art und Weise beeinflussen, wie sich der Bleistift darauf bewegt, was sich auf die Qualität der Linien und die Schattierung auswirkt.

Übung 8: Erkundung des Papiers

Versuchen Sie, das gleiche Objekt auf verschiedenen Papiersorten zu zeichnen: glattes, strukturiertes, dickes und dünnes Papier. Beobachten Sie, wie sich die Qualität des Papiers auf Ihre Zeichnung auswirkt.

Der Goldene Schnitt: Eine mathematische Annäherung an die Schönheit

Manche glauben, dass der Goldene Schnitt, der etwa 1,618 beträgt, das ultimative kompositorische Gleichgewicht bietet. Dieses Verhältnis wurde in der Natur, der Architektur und sogar in der Kunst gefunden.

Übung 9: Die Goldene Spirale

Zeichnen Sie die Goldene Spirale unter Verwendung des Goldenen Schnitts. Versuchen Sie, diese Spirale in eine Komposition einzubauen, um ästhetisch ansprechende Kunst zu schaffen.

Der Farbkreis für Schwarz und Weiß: Ein besonderes Konzept

Obwohl wir uns in erster Linie auf das Zeichnen mit Bleistift konzentrieren, kann das Verständnis des Farbkreises von Vorteil sein. Stellen Sie sich Ihre Graustufenschattierung als einen Farbkreis vor, bei dem Schwarz und Weiß die Primärfarben und die verschiedenen Grautöne die Sekundär- und Tertiärfarben sind.

Übung 10: Graustufenrad

Erstellen Sie ein Rad mit verschiedenen Grautönen, um "Farben" darzustellen. Dies wird Ihnen helfen, die Werte besser zu verstehen.

Zusammenfassung: Die erweiterte Ausgabe

Herzlichen Glückwunsch! Sie haben einen umfassenden Leitfaden über die Sprache der Kunst durchlaufen. Sie haben nicht nur Ihr Vokabular erweitert, sondern auch eine ganze Reihe neuer Werkzeuge erworben, um Ihre Zeichnungen zu verbessern.

Kapitel 3: Erste Züge - Ihre Ersten Zeichenübungen

Die Wichtigkeit des Beginns

Bevor wir uns in die Übungen stürzen, sollten wir uns einen Moment Zeit nehmen, um den Mut zu erkennen, den es braucht, um anzufangen. Einen Stift in die Hand zu nehmen und die erste Spur zu ziehen, ist ein großer Schritt, ein Bekenntnis, dass Sie bereit sind zu lernen, Fehler zu machen und zu wachsen. Klopfen Sie sich also selbst auf die Schulter; Sie haben bereits gewonnen!

Aufwärmen: Nicht nur für Athleten

Wussten Sie, dass sich sogar Profisportler aufwärmen? Genau wie das Dehnen vor einem Lauf kann das Aufwärmen Ihrer Hände und Ihres Geistes Ihre Zeichensitzung erheblich verbessern.

Übung 1: Kreise, Linien und Spiralen Zeichnen Sie Kreise, sowohl große als auch kleine. Versuchen Sie es mit horizontalen, vertikalen und diagonalen Linien. Vergessen Sie nicht die Spiralen; sie machen Spaß und fördern die Flexibilität der Handgelenke.

Grundformen: Die Grundlage aller Zeichnungen

Alles, was Sie um sich herum sehen, lässt sich in einfache Formen wie Kreise, Quadrate und Dreiecke zerlegen. Wenn du das erkennst, werden komplexe Entwürfe weniger einschüchternd.

Übung 2: Auf der Jagd nach Formen Schauen Sie sich in Ihrer Umgebung um und finden Sie Objekte, die den Grundformen entsprechen. Skizzieren Sie sie schnell, ohne sich um Details zu kümmern.

Kennen Sie Ihren Bleistift: Leichte vs. starke Striche

Jeder Bleistift kann eine Reihe von Farbtönen erzeugen, von hell bis dunkel, je nachdem, wie Sie ihn benutzen. Es ist wichtig, sich mit dieser Bandbreite vertraut zu machen.

Übung 3: Die Tonskala Zeichnen Sie eine Skala mit zehn Stufen. Füllen Sie jede Stufe mit einem anderen Ton, beginnend mit einem hellen bis hin zu einem dunklen.

Zeichnen aus der Beobachtung: Stillleben

Das Zeichnen nach einem realen Vorbild kann eine reichere Erfahrung bieten als das Zeichnen nach einem Foto. Die Dreidimensionalität realer Objekte bietet eine Tiefe und Nuance, die auf Fotos oft fehlt.

Übung 4: Stillleben Einfach einige Haushaltsgegenstände wie eine Tasse, eine Frucht oder ein Buch anordnen. Skizzieren Sie sie so, wie Sie sie sehen, und versuchen Sie dabei, Licht und Schatten einzufangen.

Spaß am Zeichnen mit Gesten

Das Zeichnen mit Gesten hilft dabei, die Handlung, die Emotion und das Wesen des Motivs einzufangen, und wird normalerweise schnell und frei ausgeführt.

Übung 5: Zeichnen mit Gesten nach Belieben Stellen Sie einen Timer für zwei Minuten ein. Wählen Sie ein Motiv, sei es ein Haustier, ein Familienmitglied oder eine Figur aus dem Internet, und versuchen Sie, seine Geste einzufangen. Wiederholen Sie dies mit verschiedenen Motiven.

Das Eis brechen mit Umrisszeichnen

Umrisszeichnen ist die Kunst, Objekte so zu zeichnen, wie Sie sie sehen, in einer durchgehenden Linie, ohne den Bleistift zu heben.

Übung 6: Umrisszeichnen Übung Wählen Sie einen Gegenstand und zeichnen Sie ihn, ohne den Stift vom Papier zu nehmen. Versuchen Sie, während des Zeichnens nicht auf das Papier zu schauen; dies wird auch als "blindes Umrisszeichnen" bezeichnet.

Ihr erstes Meisterwerk: Kombinieren von Techniken

Du hast schon so viel gelernt! Wie wäre es, wenn du das Gelernte zu einem größeren Werk kombinierst?

Übung 7: Ihre Wahl, Ihr Meisterwerk Wählen Sie ein Motiv, das Sie zeichnen möchten. Wenden Sie die Techniken an, die Sie bis jetzt gelernt haben. Lassen Sie sich Zeit, und überstürzen Sie nichts. Denken Sie daran, dass dies ein Lernprozess ist.

Übung 8: Einweihung des Notizbuchs

Falls Sie es noch nicht getan haben, besorgen Sie sich ein Notizbuch. Widmen Sie die erste Seite, indem Sie ein persönliches künstlerisches Ziel aufschreiben. Dies hilft, Ihrer Praxis eine Richtung zu geben.

Die Rolle der Symmetrie: Ausgewogene Bilder schaffen

Das Verständnis von Symmetrie kann hilfreich sein, sogar in den frühen Stadien. Ein ausgewogenes Bild ist für das Auge natürlich ansprechend.

Übung 9: Symmetrisches Zeichnen

Teilen Sie eine Seite in zwei Hälften. Zeichnen Sie die Hälfte eines Objekts oder einer Form auf der einen Seite und versuchen Sie dann, sie auf der anderen Seite so genau wie möglich nachzubilden.

Negativer Raum: Die Kunst, das zu sehen, was nicht da ist

In der Kunst kann das, was man nicht zeichnet, genauso wichtig sein wie das, was man zeichnet. Der Negativraum hilft, die Form des Positivraums zu definieren.

Übung 10: Zeichnen des Negativraums

Wählen Sie ein einfaches Objekt und zeichnen Sie nur den Raum um das Objekt herum, nicht das Objekt selbst. Dies ist eine wunderbare Methode, um Ihre Beobachtungsgabe zu verbessern.

Emotionale Resonanz: Wie Kunst spricht

Selbst die einfachsten Zeichnungen können Emotionen vermitteln. Wenn Sie sich dessen bewusst sind, können Sie Ihrer Kunst eine neue Ebene der Tiefe verleihen.

Übung 11: Emotionale Miniaturen

Erstellen Sie kleine Miniaturen, die jeweils eine andere Emotion durch Linien und Formen ausdrücken. Unregelmäßige Linien könnten zum Beispiel Wut ausdrücken, während weiche Kurven für Ruhe stehen könnten.

Kreuzen und Schattieren: Tiefe und Dimension hinzufügen

Mit diesen Techniken können Sie flache Formen in dreidimensionale Objekte verwandeln.

Übung 12: Schattierung üben

Nehmen Sie eine einfache Form, z. B. eine Kugel oder einen Würfel, und üben Sie das Schattieren. Versuchen Sie zu kreuzen, um ein strukturiertes Aussehen zu erzielen.

Zusammenfassung: Ein rundum gelungener Start

Mit diesen Übungen und dem Verständnis dieser grundlegenden Konzepte haben Sie einen großen Schritt auf Ihrem künstlerischen Weg gemacht. Zögern Sie nicht, diese Übungen zu wiederholen; mit der Wiederholung kommt die Meisterschaft.

Persönliche Reflexion und nächste Schritte

Nehmen Sie sich einen Moment Zeit, um darüber nachzudenken, was Sie gelernt haben und wie Sie sich bei Ihren ersten Zeichenversuchen fühlen. Unabhängig vom Ergebnis sollten Sie daran denken, dass jeder Künstler einmal ein Anfänger war. Behalten Sie Ihr Notizbuch in der Nähe; es wird Ihr bester Freund auf dieser spannenden Reise sein.

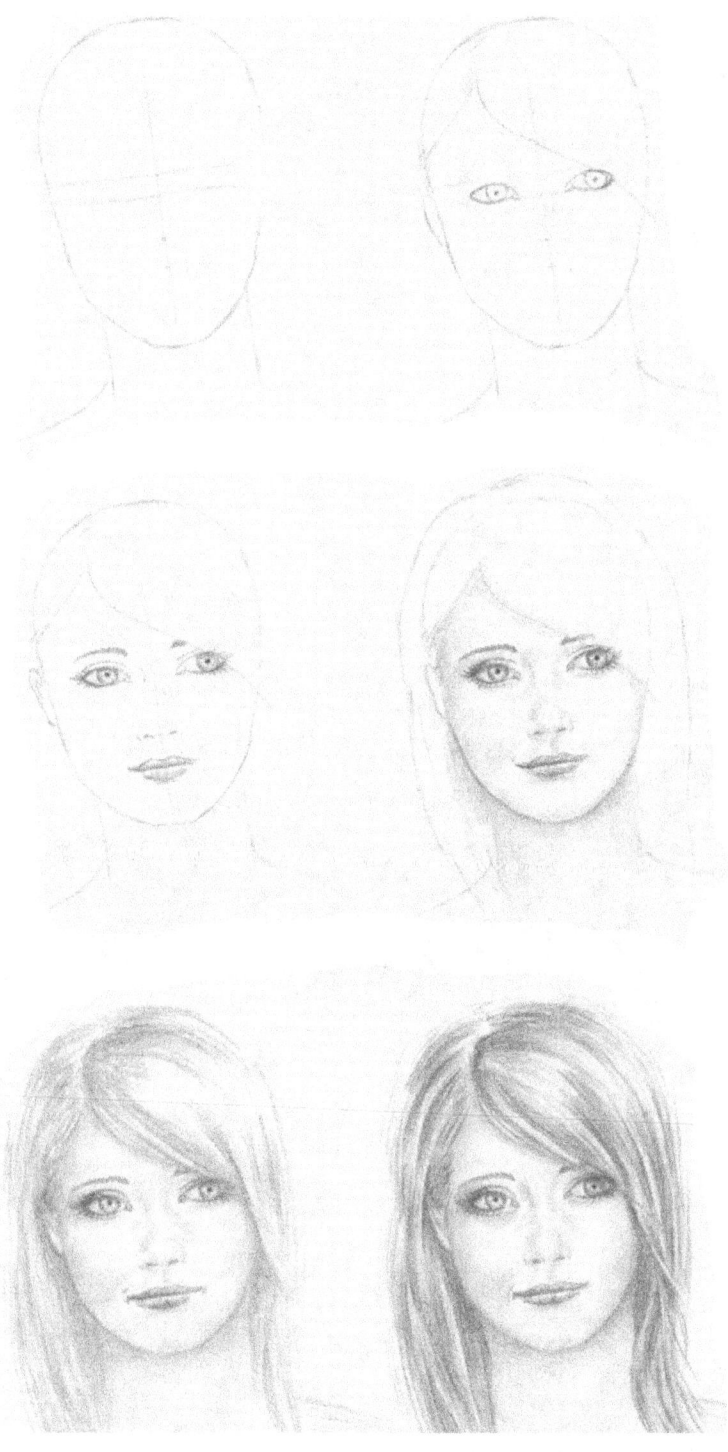

Zeichnen Lernen

Teil II: Ihre Fähigkeiten Schrittweise Ausbauen

Einführung

Ah, der Nervenkitzel des ersten Strichs! Inzwischen haben Sie Ihre Finger in den grenzenlosen Ozean der künstlerischen Möglichkeiten getaucht und die grundlegenden Striche und Formen erlernt. Sie haben sich vor das einschüchternde Blatt gestellt und sich getraut, Ihr Zeichen zu setzen. Ist das nicht aufregend? Es ist, als würden Sie Ihre ersten Worte sprechen oder zum ersten Mal Fahrrad fahren.

Aber nach der anfänglichen Aufregung fragen Sie sich vielleicht: "Was jetzt?" Sie haben die Grundlagen gemeistert, aber wie kommen Sie von einfachen Formen zu komplexeren und emotional bedeutsamen Kunstwerken? Wie kommt man vom Kopieren dessen, was man sieht, zum Interpretieren desselben?

Keine Sorge, genau das ist das Ziel von Teil II dieses Buches, das Sie anleiten soll. Wir gehen von den Grundlagen zur Entwicklung über. Wir bauen auf der soliden Grundlage auf, die Sie in Teil I geschaffen haben, und fügen Schichten der Komplexität, der Technik und des Stils hinzu, alles in einem Tempo, das Sie begeistert, aber nicht überwältigt.

Lassen Sie uns einen Moment innehalten und anerkennen, wie weit Sie bereits gekommen sind. Denken Sie daran: Rom wurde nicht an einem Tag erbaut. Auch Ihre Fähigkeiten werden Sie nicht auf wundersame Weise über Nacht in Da Vinci oder Picasso verwandeln, und das ist völlig normal! Schrittweiser Fortschritt ist der Schlüssel. Jeder Tag, an dem Sie üben, jede Linie, die Sie zeichnen, summiert sich. Stellen Sie sich jede Zeichenübung als einen Ziegelstein vor. Wenn Sie mehr Ziegelsteine legen, werden Sie nach und nach einen Wolkenkratzer aus Können und persönlichem Ausdruck errichten.

Ein wichtiger Aspekt, den wir untersuchen werden, ist das Element des Stils. Die Schönheit der Kunst liegt in ihrer Vielfalt, und jeder Künstler bringt seinen eigenen, einzigartigen Stil mit ein. Ihr Stil ist Ihre Stimme in der Kunstwelt. Egal, ob Sie ein Fan von detailliertem Fotorealismus oder abstrakten Kritzeleien sind, wir werden uns damit beschäftigen, wie Sie diese Stimme finden und wie Sie sie laut und deutlich zu Gehör bringen können.

Außerdem werden wir uns mit einer Vielzahl von Themen und Fragestellungen befassen. Schließlich ist die Welt um Sie herum voller Inspiration, von den weiten Landschaften der Natur bis zu den verschlungenen Linien des Großstadtdschungels. Indem Sie das, was Sie zeichnen, variieren, bereichern Sie nicht nur Ihre Fähigkeiten, sondern entdecken auch, was Sie wirklich fasziniert.

Denken Sie während dieses Teils des Buches daran, wie wichtig es ist, Achtsamkeit zu üben. Achten Sie darauf, wie sich Ihre Hand bewegt, wie sich Ihr Stift anfühlt, wie die Linien fließen und wie Sie sich dabei fühlen. Die Reise zu einem guten Künstler ist auch eine innere Reise. Sie werden viel über sich selbst erfahren: Ihre Vorlieben, Ihre Stärken, Ihre verbesserungswürdigen Bereiche und sogar Ihre tiefsten Ängste und Wünsche. Lassen Sie sich auf diese Selbstbeobachtung ein; sie wird Sie nicht nur zu einem besseren Künstler machen, sondern Sie auch als Person bereichern.

Und so lade ich Sie, liebe Leserin, lieber Leser, an der Schwelle zu diesem aufregenden neuen Kapitel Ihrer künstlerischen Reise ein, tief durchzuatmen, Ihre Stifte bereitzulegen und Ihr Herz und Ihren Geist für die wunderbaren Möglichkeiten zu öffnen, die vor Ihnen liegen. Der Weg von hier aus wird voller Herausforderungen sein, aber denken Sie daran, dass jeder große Künstler mit einem einzigen Strich, einer einzigen Form, einer einzigen Vision begonnen hat. Und wie sie werden auch Sie weiter wachsen, eine Linie, eine Form, ein Meisterwerk nach dem anderen.

Kapitel 4: Das Auge Entwickeln - Sehen Wie ein Künstler

Einführung

Willkommen zu Kapitel 4, dem Zufluchtsort für Ihre künstlerische Vision! Wenn Sie sich jemals gefragt haben, warum zwei Künstler ein und dasselbe Thema betrachten und völlig unterschiedliche Kunstwerke schaffen können, ist die Antwort einfach: Es liegt an den Augen. Die Augen eines Künstlers "sehen" nicht nur, sie interpretieren, hinterfragen und wundern sich.

Beobachtung: Die fundamentale Fertigkeit

Wir beginnen damit, die Kunst der Beobachtung zu verstehen.

Übung 1: Beobachtungsübung

Wählen Sie ein Objekt und beobachten Sie es fünf Minuten lang. Achten Sie auf jedes Detail: Schatten, Reflexionen, Strukturen. Zeichnen Sie nun, ohne den Gegenstand anzusehen. Vergleichen Sie Ihre Zeichnung mit dem Objekt. Was haben Sie übersehen?

Perspektive: Die Kunst des Blickwinkels

Die Perspektive ist die Methode, mit der wir eine dreidimensionale Welt auf einer zweidimensionalen Ebene darstellen.

Übung 2: Einpunktperspektive

Zeichnen Sie eine Horizontlinie und einen Fluchtpunkt. Übe, Kästchen zu zeichnen, die sich auf diesen Punkt zubewegen. Probieren Sie es aus verschiedenen Winkeln und Entfernungen.

Licht und Schatten: Der Tanz der Kontraste

Wie das Licht mit den Objekten interagiert, ist entscheidend für die Schaffung von Tiefe und Realismus.

Übung 3: Sphäre aus Licht und Schatten

Zeichnen Sie eine einfache Kugel und stellen Sie sich eine Lichtquelle vor. Schattieren Sie die Kugel entsprechend und zeigen Sie Lichtpunkte, Mitteltöne und Schatten.

Komposition: Die Struktur Ihrer Kunst

Betrachten Sie die Komposition als eine Art Straßenkarte für die Augen des Betrachters.

Übung 4: Üben Sie die Drittel-Regel

Skizzieren Sie eine einfache Szene. Verwenden Sie die Drittel-Regel, um wichtige Elemente zu positionieren. Achten Sie darauf, wie dadurch eine ansprechendere Komposition entsteht.

Farbtheorie: Mehr als das, was man sieht

Obwohl wir uns in erster Linie auf das Zeichnen konzentrieren, kann das Verständnis der Farbtheorie Ihre Arbeit in Graustufen bereichern.

Übung 5: Studieren des Farbkreises

Obwohl dies ein Buch über das Zeichnen ist, nehmen Sie sich einen Moment Zeit, um einen einfachen Farbkreis zu erstellen. Diese Übung kann Ihnen helfen, Komplementär- und

Kontrastfarben zu verstehen.

Textur: Der Hauch des Sehens

Der Unterschied zwischen Glas und Fell liegt nicht nur im Aussehen, sondern auch darin, wie sie sich anfühlen.

Übung 6: Textur-Muster

Legen Sie kleine Quadrate an und füllen Sie jedes davon mit einer anderen Textur: Schuppen, Federn, Ziegelsteine usw. Dies wird Ihnen helfen, wenn Sie diese Texturen in größeren Arbeiten nachbilden müssen.

Figur und Form: Menschliche und tierische Anatomie

Das Zeichnen von Lebewesen erfordert eine andere Art von Beobachtungsgabe.

Übung 7: Schnelle Skizzen von Figuren

Fertigen Sie einige schnelle Skizzen von Menschen oder Tieren an und konzentrieren Sie sich dabei darauf, das Wesentliche ihrer Form zu erfassen und nicht die Details.

Shades of Nature: Die organische Welt einfangen

Das Zeichnen der Natur kann aufgrund ihrer organischen Formen und komplizierten Details sowohl lohnend als auch herausfordernd sein.

Übung 8: Naturtagebuch

Skizzieren Sie verschiedene Pflanzen oder Bäume, denen Sie begegnen. Versuchen Sie, ihre einzigartigen Merkmale zu erfassen.

Städtebau: Die Geometrie der Städte

Gebäude, Autos und Maschinen bieten eine andere Art von Schönheit, die zu erfassen überraschend sein kann.

Übung 9: Skizzieren Sie eine städtische Umgebung

Wählen Sie eine urbane Szene und skizzieren Sie sie schnell. Achten Sie dabei auf geometrische Formen und Ausrichtungen.

Zusammenfassung und Reflexion

Sie haben es geschafft! Sie haben eines der aufschlussreichsten Kapitel Ihrer künstlerischen Reise hinter sich. Ihre Augen sind auf dem besten Weg, Ihr unschätzbares künstlerisches Werkzeug zu werden. Üben Sie weiter und denken Sie daran, dass die Schönheit der Kunst in der Art und Weise liegt, wie sie Ihnen erlaubt, die Welt zu sehen, sowie in den Bildern, die Sie schaffen.

Kapitel 5: Schritt für Schritt - Detaillierte Anleitungen für Einfache Zeichnungen

Einführung

Willkommen zu Kapitel 5, wo Stift und Papier aufeinander treffen. Jetzt, wo Sie Ihre Beobachtungsfähigkeiten verfeinert haben, ist es an der Zeit, das, was Sie sehen, in etwas zu übersetzen, das Sie zeichnen können. Und wie könnte man das besser tun, als gleich loszulegen? In diesem Kapitel werden wir eine Reihe von einfachen Schritt-für-Schritt-Anleitungen erkunden, die das Zeichnen so klar wie möglich machen sollen.

Porträts: Das Fenster der Seele

Porträts können einschüchternd sein, aber das müssen sie nicht. Wir beginnen mit den grundlegenden Gesichtsproportionen und gehen dann auf einzelne Merkmale wie Augen, Nase und Mund ein.

Schritt-für-Schritt-Anleitung: Zeichnen eines einfachen Gesichts

- **Kreis für den Schädel:** Zeichnen Sie einen Kreis für den oberen Teil des Kopfes.
- **Gesichtslinie:** Zeichnen Sie eine vertikale und eine horizontale Linie, die sich in der Mitte des Kreises schneiden.
- **Kieferlinie einzeichnen:** Skizziert die Kieferlinie, indem ihr sie mit dem Kreis verbindet.
- **Positionierung der Augen:** Verwenden Sie die horizontale Linie als Hilfslinie, um die Augen zu positionieren.
- **Nase und Mund:** Positionieren Sie die Nase in der Mitte zwischen den Augen und dem Kinn, den Mund in der Mitte zwischen der Nase und dem Kinn.

Landschaften: Ihr landschaftlicher Blickwinkel

Mutter Natur bietet eine breite Palette von Motiven. Wir werden sehen, wie man komplexe Szenen in einfache Formen zerlegen kann.

Schritt-für-Schritt-Anleitung: Zeichnen einer einfachen Landschaft

- **Horizontlinie:** Beginnen Sie mit einer horizontalen Linie, um den Horizont festzulegen.
- **Grundformen:** Fügen Sie Kreise für Bäume oder Büsche und Rechtecke für Gebäude oder Berge hinzu.
- **Details:** Beginnen Sie damit, Details wie Blätter, Fenster oder Wolken hinzuzufügen.

- **Umriss:** Stellen Sie den Umriss fertig, bevor Sie Schattierungen oder Details hinzufügen.
- **Schattierung:** Fügen Sie Schattierungen hinzu, um Ihrer Landschaft Tiefe zu verleihen.

Tiere: Fangen Sie das Wesentliche ein

Tiere sind wunderbare Motive, die voller Leben und Bewegung sind.

Schritt-für-Schritt-Anleitung: Zeichnen eines Hundes

- **Grundformen:** Beginnen Sie mit einem Kreis für den Kopf und einem Oval für den Körper.
- **Gesichtszüge:** Zeichnen Sie die Augen, die Nase und den Mund.
- **Beine und Schwanz:** Fügen Sie Rechtecke für die Beine und eine einfache Linie für den Schwanz hinzu.
- **Details:** Füge Fell, Pfoten und andere Details hinzu.
- **Fertigstellung:** Überarbeiten Sie die Umrisse und fügen Sie Schattierungen oder Muster hinzu.

Stillleben: Alltägliche Schönheit

Das Zeichnen von Stillleben hilft Ihnen, Schattierung, Komposition und Form zu üben.

Schritt-für-Schritt-Anleitung: Zeichnen einer Obstschale

- **Umriss:** Zeichnen Sie den Umriss der Obstschale.
- **Früchte:** Fügen Sie Kreise und Ovale für verschiedene Früchte hinzu.
- **Schattierung:** Schattieren Sie die Objekte, um ihnen Volumen zu geben.
- **Hintergrund:** Fügen Sie einen einfachen Hintergrund hinzu, um die Objekte hervorzuheben.
- **Feinschliff:** Fügen Sie Details wie Fruchttexturen, Reflexionen und Schatten hinzu.

Menschliche Anatomie: Die Gabe der Form

Das Verständnis der menschlichen Form kann ein lebenslanges Studium sein, aber wir werden mit einigen Grundlagen beginnen, die Ihre Porträts erheblich verbessern können.

Schritt-für-Schritt-Anleitung: Zeichnen einer Hand

- **Grundformen:** Beginnen Sie mit einem Rechteck für die Handfläche und fügen Sie längliche Ovale für die Finger hinzu.
- **Proportionen:** Achten Sie auf die relative Länge der Finger.
- **Details:** Fügen Sie Gelenke, Nägel und Knöchel hinzu.
- **Schattierung:** Verwenden Sie Licht und Schatten, um der Hand Tiefe zu verleihen.
- **Letzter Schliff:** Löschen Sie überflüssige Linien und stellen Sie Ihren Entwurf fertig.

Übung: Handhaltungen Zeichnen Sie eine Reihe von Händen in verschiedenen Haltungen. Diese Übung wird Ihnen helfen, sich mit der Komplexität der Handanatomie vertraut zu machen.

Architektonisches Zeichnen: Gebäude und Bauwerke

Es ist ein einzigartiges Vergnügen, die vom Menschen geschaffene Welt um uns herum festzuhalten.

Schritt-für-Schritt-Anleitung: Zeichnen eines Hauses

- **Grundformen:** Beginnen Sie mit Quadraten und Rechtecken, um die allgemeinen Umrisse des

Hauses zu zeichnen.
- **Dach und Fenster:** Fügen Sie ein Dreieck für das Dach und kleinere Rechtecke für die Fenster hinzu.
- **Türen und Details:** Fügen Sie die Tür und andere architektonische Details wie Ziegel, Fensterläden oder einen Schornstein ein.
- **Perspektive:** Vergewissern Sie sich, dass alle Linien zu den richtigen Fluchtpunkten zurückgeführt werden, um die Perspektive zu erhalten.
- **Feinschliff:** Überarbeiten Sie die Zeichnung, löschen Sie unnötige Linien und fügen Sie Schattierungen oder Farben hinzu.

Übung: Nachbarschaftsskizze Machen Sie einen Spaziergang durch Ihre Nachbarschaft und machen Sie schnelle Skizzen von verschiedenen Häusern. Achten Sie dabei auf die architektonischen Stile und Details, die jedes Haus einzigartig machen.

Fahrzeuge: Geschwindigkeit und Design

Autos, Fahrräder, Flugzeuge: Fahrzeuge sind nicht nur funktional, sondern auch schön gestaltet.

Schritt-für-Schritt-Anleitung: Entwerfen eines Autos
- **Grundformen:** Verwenden Sie abgerundete Rechtecke für die Karosserie und Kreise für die Räder.
- **Details:** Fügen Sie Scheinwerfer, Fenster und andere Fahrzeugdetails hinzu.
- **Proportionen:** Achten Sie darauf, dass die Größe der Räder im Verhältnis zur Karosserie steht.
- **Schattierung:** Fügen Sie Schatten unter dem Auto und in den Radkästen hinzu, um ihm Tiefe zu verleihen.
- **Feinschliff:** Vervollständigen Sie Ihren Entwurf und fügen Sie letzte Details oder Spiegelungen hinzu.

Übung: Verschiedene Fahrzeugtypen Versuchen Sie, verschiedene Fahrzeugtypen wie Fahrräder, Lastwagen und Flugzeuge zu zeichnen. Konzentriere dich darauf, was jeden Typ in Design und Form einzigartig macht.

Zusammenfassung und Reflexion

Und da haben Sie es! Ein umfassender Leitfaden zur Entwicklung Ihrer Fähigkeiten, eine Zeichnung nach der anderen. Denken Sie daran, dass jeder Künstler einmal ein Amateur war, und jeder Profi hat eine Mappe voller einfacher Entwürfe. Das ist alles Teil des Weges. Üben Sie weiter, denn der Himmel ist nicht die Grenze, er ist nur ein weiteres Thema zum Zeichnen!

Kapitel 6: Hinzufügen von Komplexität - Einführung Neuer Elemente in Einem Angenehmen Tempo

Einführung

Inzwischen haben Sie begonnen, sich in der weiten Landschaft des Zeichnens zurechtzufinden. Sie beherrschen die Grundlagen und haben begonnen, Ihr Auge zu entwickeln, um wie ein Künstler zu sehen. Es ist wie beim Erlernen einer neuen Sprache: Sie haben das Alphabet gemeistert, und nun ist es an der Zeit, komplexe Sätze zu bilden.

Sind Sie also bereit, Ihre Skizzen von einfachen Strichzeichnungen zu Kunstwerken voller Tiefe und Details zu machen? Wunderbar! Denn in diesem Kapitel werden wir den Bleistift noch ein wenig weiter vorantreiben und jedes Element auf die nächste Ebene bringen, um die Komplexität in einem für Sie passenden Tempo zu steigern.

Von 2D zu 3D: Tiefe und Volumen erzeugen

Schritt-für-Schritt-Anleitung: Zeichnen einer 3D-Box

- **Einfaches Quadrat**: Beginnen Sie mit einem einfachen 2D-Quadrat.
- **Perspektivische Linien**: Verlängern Sie drei Linien von jeder Ecke des Quadrats.
- **Box schließen**: Zeichnen Sie ein weiteres Quadrat, um die Linien zu schließen.
- **Umriss**: Zeichnen Sie Ihre letzten Linien neu, um den 3D-Kasten zu betonen.
- **Schattierung**: Fügen Sie auf einer Seite eine Schattierung hinzu, um dem Bild Tiefe zu verleihen.

Übung: Mit Formen üben Versuchen Sie, andere 3D-Formen zu erstellen: Zylinder, Kegel und Kugeln. Denken Sie daran, dass die Schattierung hier Ihr Freund ist.

Umarmung von Texturen

Zeichnen ist mehr als nur Linien und Formen; es geht darum, reale Texturen zu imitieren.

Schritt-für-Schritt-Anleitung: Zeichnen von Fell

- **Basisschicht**: Skizzieren Sie den Umriss eines Tieres oder eines Fellbereichs.
- **Erste Fellebene**: Fügen Sie kurze, unregelmäßige Linien innerhalb des Umrisses hinzu.
- **Zusätzliche Ebenen**: Erstellen Sie weitere Ebenen, indem Sie die Richtung und Länge der Linien variieren.
- **Details**: Verwenden Sie hellere Striche für Lichter und dunklere Striche für Schatten.
- **Letzter Schliff**: Mischen und verblenden Sie nach Bedarf.

Übung: Texturprobe Zeichnen Sie kleine Quadrate und füllen Sie sie mit verschiedenen Texturen: Schuppen, Federn, Holzmaserung usw.

Bewegung einbeziehen

Statische Bilder sind toll, aber Bewegung erweckt Ihre Kunst zum Leben.

Schritt-für-Schritt-Anleitung: Zeichnen einer laufenden Figur

- **Stilisierte** Figur: Skizzieren Sie eine einfache stilisierte Figur mit übertriebener Arm- und Beinhaltung.
- **Muskelmasse**: Fügen Sie Ovale und Rechtecke hinzu, um die Muskelmasse darzustellen.
- **Umriss**: Entwickeln Sie die Figur, indem Sie Kleidung und Gesichtsausdruck hinzufügen.
- **Details**: Fügen Sie Details wie Haare, Gesichtszüge und Kleidungsfalten hinzu.
- **Aktionslinien**: Fügen Sie Linien hinzu, die die Bewegung darstellen.

Übung: Erfassen Sie die Handlung Skizzieren Sie eine Reihe von Figuren, die verschiedene Handlungen ausführen: springen, tanzen oder einen Schläger schwingen.

Mixed Media erforschen

Warum sollten Sie sich auf Bleistift und Papier beschränken? Probieren Sie es mit Kohle, Tinte und mehr.

Schritt-für-Schritt-Anleitung: Kunst mit gemischten Medien

- **Bleistiftgrund**: Erstellen Sie eine einfache Skizze mit Bleistift.
- **Übermalen mit Tinte**: Verwenden Sie Tinte für klare Linien und starke Kontraste.

- **Schattierung mit Holzkohle**: Fügen Sie mit Holzkohle Schatten und Farbverläufe hinzu.
- **Farbige Hervorhebung**: Verwenden Sie Buntstifte für gezielte Hervorhebungen.
- **Letzter Schliff**: Fügen Sie jedes beliebige zusätzliche Element hinzu.

Übung: Erkundung von Materialien Verwenden Sie eine Vielzahl von Materialien, um ein einzigartiges Kunstwerk zu schaffen. Achten Sie darauf, wie unterschiedlich sich die einzelnen Materialien anfühlen und wie sie sich gegenseitig ergänzen können.

Beherrschung von Licht und Schatten

Licht und Schatten können Ihr Kunstwerk verbessern oder ruinieren. Sie verleihen einen gewissen Zauber, der ein flaches Bild in eine realistische Szene verwandelt.

Schritt-für-Schritt-Anleitung: Identifizieren der Lichtquelle

- **Grundformen**: Zeichnen Sie einen Kreis, ein Quadrat und ein Dreieck auf Ihr Blatt.
- **Identifizieren der Lichtquelle**: Zeichnen Sie einen Pfeil in Richtung der Formen, um die Richtung des Lichts anzugeben.
- **Schattenkartierung**: Skizziere Linien auf der der Lichtquelle gegenüberliegenden Seite, um anzugeben, wo die Schatten fallen werden.
- **Schatten hinzufügen**: Verdunkeln Sie den zugewiesenen Bereich unter Berücksichtigung der Form des Objekts.
- **Lichter hinzufügen**: Lassen Sie die Bereiche, in denen das Licht direkt auf das Objekt trifft, leicht verschwimmen oder leer.

Übung: Schattenspiel Erstellen Sie eine Szene mit mehreren Objekten und einer einzigen Lichtquelle. Zeichnen Sie Schatten für jedes Objekt auf der Grundlage dieser Lichtquelle.

Gestisches Zeichnen: Das Wesentliche schnell einfangen

Manchmal lässt sich das Wesentliche eines Motivs schnell mit ein paar Strichen erfassen, und genau darum geht es beim Gestenzeichnen.

Schritt-für-Schritt-Anleitung: Schnelle Skizzen

- **Freie Linien:** Skizzieren Sie mit freien Handgelenksbewegungen die Umrisse des Motivs.
- **Wesentliche Formen:** Identifizieren und zeichnen Sie die wesentlichen Formen, aus denen das Motiv besteht.

- **Schnelle Schattierung** : Verwenden Sie schnelle, helle Striche, um Schatten und Lichter zu markieren.

- **Merkmale hinzufügen** : Fügen Sie schnell die markantesten Merkmale des Motivs hinzu.

- **Feinschliff:** Treten Sie einen Schritt zurück und fügen Sie alle wichtigen Details hinzu, die das Motiv erkennbar machen.

Übung: Fünf-Minuten-Figuren Stellen Sie einen Timer für fünf Minuten ein und versuchen Sie, das Wesentliche verschiedener Motive einzufangen: Menschen, Tiere oder sogar Landschaften.

Persönliche Tipps und Anekdoten

- **Überwindung des Perfektionismus:** Denken Sie daran, dass jeder Künstler einen Haufen schlechter Zeichnungen hat. Das ist Teil des Prozesses.

- **Pausen einlegen:** Manchmal kann eine Pause von der Arbeit eine neue Perspektive eröffnen.

- **Gemeinschaft ist wichtig:** Teilen Sie Ihre Arbeit, suchen Sie nach Feedback und schätzen Sie vor allem die Arbeit der anderen.

Proportionen und Anatomie: Erreichen von Realismus

Wenn Sie die richtigen Proportionen finden, wird Ihre Zeichnung realistisch und lebendig. Zeichnen Sie menschliche Figuren oder Tiere? Das Verständnis der Anatomie ist unerlässlich.

Schritt-für-Schritt-Anleitung: Proportionen bei menschlichen Figuren

- **Skelett zeichnen:** Erstellen Sie eine stilisierte Grundfigur, die als Skelett dient.

- **Höhen messen** : Verwenden Sie den Kopf als Maßeinheit für den Körper.

- **Blockformen** : Fügen Sie Ovale, Quadrate und Rechtecke hinzu, um Muskelgruppen darzustellen.

- **Verfeinern** : Fügen Sie Kurven und Winkel hinzu, um Ihre stilisierte Figur zum Leben zu erwecken.

- **Details** : Fügen Sie Gesichtszüge, Kleidung und andere Details hinzu.

Übung: Anatomieskizzen Studieren Sie Bilder von Skeletten und Muskelgruppen von Menschen oder Tieren. Versuchen Sie, sie zu skizzieren, und konzentrieren Sie sich dabei auf Proportionen und Winkel.

Das Spiel mit den Farben: Psychologie und Technik

Farbe ist nicht nur eine Füllung, sie ist ein Ausdruck, eine Erzählung an sich. Sie können nur mit den von Ihnen gewählten Farbpaletten Geschichten erzählen.

Schritt-für-Schritt-Anleitung: Maltechniken

- **Wählen Sie eine Palette:** Entscheiden Sie sich für eine Reihe von Farben.
- **Basisschicht** : Verwenden Sie hellere Farbtöne als Grundlage.
- **Aufbau** : Fügen Sie Schichten aus dunkleren Farben hinzu, um Tiefe zu erzeugen.
- **Licht** : Verwenden Sie Weiß oder hellere Farbtöne, um zu zeigen, wo das Licht hinfällt.
- **Details** : Verwenden Sie kontrastreiche Farben, um das Auge auf wichtige Punkte zu lenken.

Übung: Farbradspiel Erstellen Sie Ihr eigenes Farbrad, um Komplementär- und Kontrastfarben zu verstehen. Versuchen Sie, sie in einem einfachen Gemälde zu verwenden.

Komplexe Objekte zerlegen

Manchmal erscheint ein Objekt zu komplex, um es zu zeichnen, aber denken Sie daran, dass es immer in einfachere Formen zerlegt werden kann.

Schritt-für-Schritt-Anleitung: Komplexität in Einfachheit zerlegen

- **Umriss:** Skizziert den grundlegenden Umriss des Objekts.
- **Grundformen:** Bestimmen Sie die Grundformen, aus denen das Objekt besteht.
- **Aufteilen und erobern** : Zerlegen Sie das Objekt in seine Einzelteile und gehen Sie jedes Teil einzeln an.
- **Details** : Füge nach und nach komplizierte Details hinzu.
- **Überarbeiten** : Gehen Sie zurück und überarbeiten Sie das Objekt, indem Sie gegebenenfalls Änderungen vornehmen.

Übung: Komplexität als Herausforderung Wählen Sie ein komplexes Objekt und zerlegen Sie es in einfachere Teile. Zeichnen Sie jede Komponente einzeln, bevor Sie sie zu dem endgültigen Objekt zusammenfügen.

Die Kunst der Komposition: Positionierung Ihrer Elemente

Die Komposition bezieht sich auf die Anordnung der Elemente in Ihrem Entwurf. Sie kann den Unterschied zwischen einer chaotischen Szene und einem faszinierenden Meisterwerk ausmachen.

Schritt-für-Schritt-Anleitung: Erstellen einer ausgewogenen Komposition

- **Entwurf:** Skizzieren Sie grob, wo jedes Element platziert werden soll.
- **Fokuspunkt:** Entscheiden Sie sich für einen Fokuspunkt, der die Aufmerksamkeit des Betrachters fesselt.
- **Ausgewogenheit** : Achten Sie darauf, dass die Elemente im Bild ausgewogen sind.
- **Linien und Pfade** : Verwenden Sie Linien, um das Auge des Betrachters durch das Kunstwerk zu führen.
- **Abschließende Überprüfung:** Treten Sie einen Schritt zurück und bewerten Sie die Komposition, bevor Sie sie fertigstellen.

Übung: Kompositionsskizzen Erstellen Sie Miniaturskizzen, um verschiedene Kompositionen zu erkunden. Experimentieren Sie mit der Platzierung von Elementen und Blickwinkeln.

Zusammenfassung und Reflexion: Vereinfachte Komplexität

In der Komplexität liegt eine Symphonie, eine Harmonie, die entsteht, wenn mehrere Elemente nahtlos zusammenkommen. Sie skizzieren nicht mehr nur Linien und Formen, sondern kreieren eine Geschichte, gestalten eine Erfahrung und lösen vielleicht sogar eine Emotion aus.

Das Zeichnen ist eine Welt der unendlichen Möglichkeiten, und wenn wir immer komplexere Schichten hinzufügen, entdecken wir langsam aber sicher ihre Tiefen. Je mehr Techniken Sie zu Ihrem Werkzeugkasten hinzufügen, desto reichhaltiger und vielfältiger wird Ihre Kunst werden. Und wissen Sie was? Der beste Teil kommt erst noch.

Zeichnen Lernen

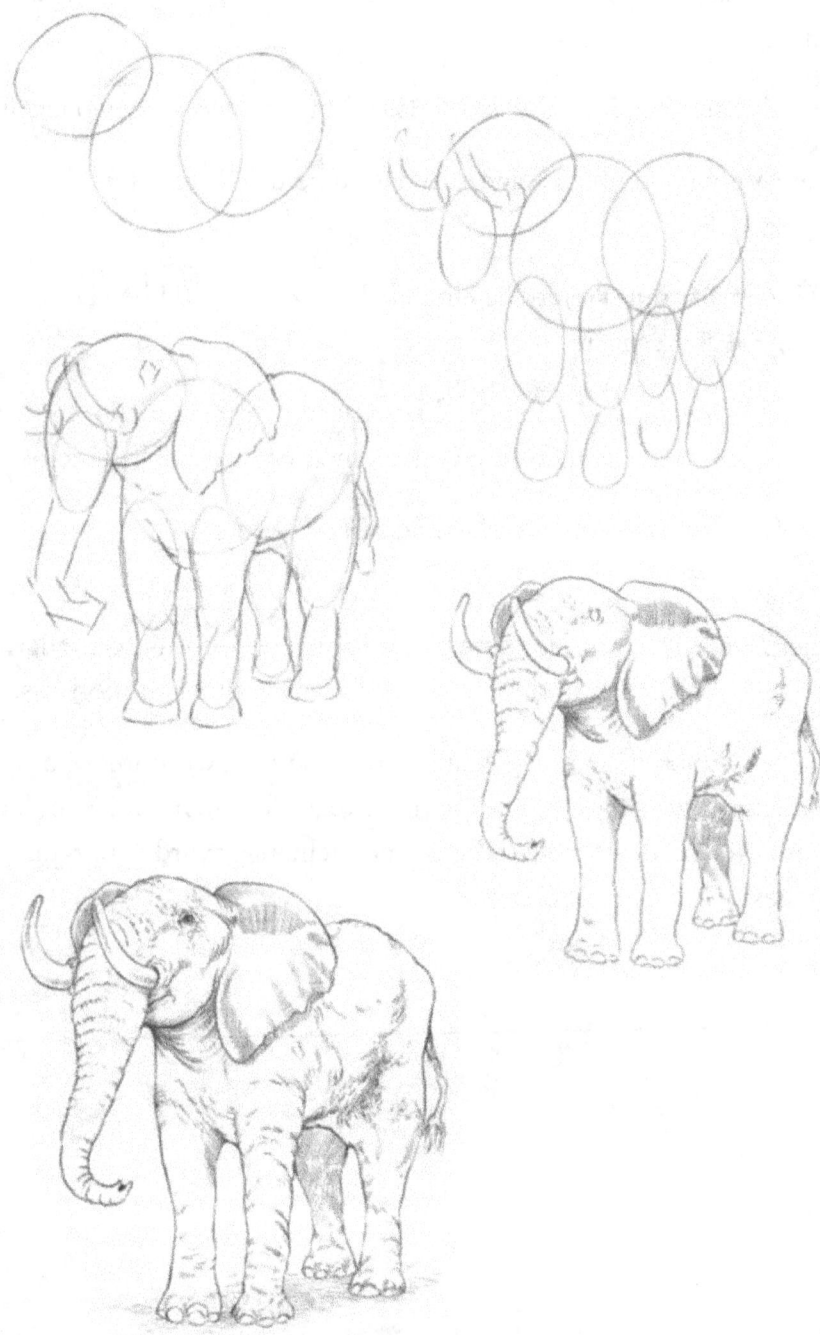

Zeichnen Lernen

Zeichnen Lernen

Teil III: Vertiefte Techniken - Der Werkzeugkasten des Künstlers Wird Geöffnet

Willkommen, liebe Leserin, lieber Leser, zu einem transformativen Teil Ihrer künstlerischen Reise: Teil III, in dem wir uns mit fortgeschrittenen Techniken beschäftigen, die Ihre Kunst nicht nur verbessern, sondern neu definieren werden. Betrachten Sie diesen Abschnitt als Ihre Schatztruhe, gefüllt mit Edelsteinen, die Ihrer Leinwand - ob auf Papier oder digital - Glanz verleihen werden.

Wir haben einen Weg beschritten, der mit dem Verständnis der Grundlagen des Zeichnens begann und uns durch die Praxis komplexer Elemente führte. Jetzt ist es an der Zeit, fortgeschrittene Techniken zu entdecken, nach denen Künstler, sowohl Amateure als auch Profis, streben. Das sind nicht einfach nur Techniken, sondern die Geheimnisse hinter den atemberaubenden Kunstwerken, die Sie vielleicht schon in Galerien oder in den sozialen Medien gesehen und bewundert haben. Und wissen Sie was? Sie sind mehr als fähig, solche Meisterwerke selbst zu schaffen.

In diesem Abschnitt beginnen wir mit dem Rendering von Texturen und erforschen dann die faszinierenden Welten der Perspektive, der dynamischen Bewegung und wagen uns sogar in das fast mystische Land der Farbtheorie. Wir werden entdecken, wie diese Techniken Ihre Arbeit von einer "einfachen Zeichnung" in ein faszinierendes Kunstwerk verwandeln können.

Der Schwerpunkt liegt jedoch nicht nur auf den mechanischen Aspekten dieser Techniken. Kunst ist eine Sprache, eine Form des Ausdrucks. Daher werden wir neben den technischen Fertigkeiten den Schwerpunkt darauf legen, wie Sie diese Techniken nutzen können, um Ihre Wahrheit zu sagen, Ihre Geschichten zu erzählen und Emotionen hervorzurufen.

Diejenigen unter Ihnen, die sich vielleicht ein wenig ängstlich oder überwältigt fühlen, sollten erst einmal tief durchatmen. Denken Sie daran, dass dieses Buch Ihr geduldiger Mentor, Ihr Unterstützer und Ihr Führer ist. Mit Schritt-für-Schritt-Anleitungen, unterhaltsamen Übungen und fesselnden Geschichten vereinfachen wir diese komplexen Techniken und machen sie zugänglich und unterhaltsam.

Wie wir im gesamten Buch betonen, ist Kunst eine Reise, und jede Reise hat ihre Unebenheiten und Kurven. Doch mit Leidenschaft und Ausdauer gibt es nichts, was Sie nicht erreichen können. Seien Sie bereit zu erforschen, zu experimentieren und vor allem, sich selbst auszudrücken. Ihre künstlerische Stimme wird bald viel reicher und klangvoller werden. Schlagen wir die Seite auf und lassen wir die Magie sich entfalten, ja?

Kapitel 7: Über die Grundlagen Hinaus - Erkundung Fortgeschrittener Techniken

Einführung: Entriegelung der Advanced Toolbox

Wenn Sie so weit gekommen sind, klopfen Sie sich selbst kräftig auf die Schulter! Sie haben eine unglaubliche Reise hinter sich, und Ihr Engagement hat Sie an die Schwelle zur wahren Meisterschaft gebracht. Während die vorangegangenen Kapitel Ihnen geholfen haben, Ihre Grundkenntnisse zu festigen, wagen wir uns in diesem Kapitel weiter vor. Betrachten Sie dieses Kapitel als Startrampe für Ihr kreatives Raumschiff, das Sie in Bereiche bringt, die Sie sich nie hätten vorstellen können!

Textur und Material: Mach es real

Visuelle Grafikbeschreibung: Verschiedene Texturmuster wie Fell, Schuppen und Stoff.

Zeichnen des Fells Hier geht es um die Details beim Zeichnen des Fells, bei dem es vor allem um Schichten und Richtungen geht.

Basisebene: Skizzieren Sie einen einfachen Umriss des Bereichs, der mit Haaren bedeckt werden soll. Erste Fellebene: Zeichnen Sie das Fell mit einfachen, geraden Linien. Diese Linien dienen als Orientierungshilfe für die Richtung des Fells. Tiefe und Volumen: Fügen Sie Schichten hinzu, indem Sie Haarbüschel auf die erste Schicht zeichnen, wobei Sie darauf achten, dass Sie die gleiche allgemeine Richtung einhalten. Details und Textur: Fügen Sie mit einem weicheren Stift die feinen Härchen hinzu, die dem Haar seine einzigartige Textur verleihen. Schattierung und Licht: Verwenden Sie helle und dunkle Töne, um Tiefe zu erzeugen.

Zeichnen von Schuppen Visuelle Grafik Beschreibung: Nahaufnahmen verschiedener Arten von Schuppen: Schlange, Fisch, Drache usw.

Basisebene: Skizzieren Sie den Umriss des Bereichs, in dem sich die Schuppen befinden werden. Gittersystem: Zeichnen Sie gekreuzte oder gebogene Linien über die Basisebene, um ein Gitter zu erstellen. Einzelne Schuppen: Skizzieren Sie in jeder Gitterzelle Schuppen. Denken Sie daran, dass die Form je nach Kreatur variieren kann. Schattierung und Licht: Verwenden Sie verschiedene

Farbtöne, um die Schuppen dreidimensional zu gestalten.

Bewegung einfangen: Die Dynamik der Aktion

Visuelle Grafik Beschreibung: Beispiele von Zeichnungen, die verschiedene Bewegungen einfangen: Laufen, Springen, Fliegen.

Die Grundlagen des Gestenzeichnens Beim Gestenzeichnen geht es darum, das Wesentliche einer Bewegung in einem kurzen Zeitraum zu erfassen. Schnelle Skizzen, die oft in weniger als einer Minute angefertigt werden, dienen diesem Zweck.

Konzentrieren Sie sich auf die Aktionslinie: Das ist die imaginäre Linie durch eine sich bewegende Figur. Skizzieren Sie Grundformen: Verwenden Sie Kreise und Ovale, um den Kopf und die Körperteile darzustellen. Gliedmaßen hinzufügen: Skizzieren Sie Arme und Beine mit geraden Linien. Überarbeiten und verfeinern: Sobald Sie die Essenz der Bewegung erfasst haben, können Sie zurückgehen und Details hinzufügen.

Dynamische Posen: Energie vermitteln Visuelle Grafik Beschreibung: Verschiedene dynamische Posen: Landung eines Superhelden, sich drehender Tänzer, sprintender Athlet.

Verkürzung: Bei dieser Technik wird ein Objekt oder eine Figur tief in ein Bild hineingezeichnet. Perspektive und Winkel: Manchmal kann eine Veränderung des Winkels einer Pose mehr Energie verleihen. Bewegungslinien: Verwendet gepunktete oder übertriebene Linien, um Bewegung anzudeuten.

Perspektive: Beherrschung der Illusion von Tiefe

Visuelle Grafik Beschreibung: Eine schrittweise Anleitung zur Ein-, Zwei- und Dreipunktperspektive.

Ein-Punkt-Perspektive: Hier laufen alle Linien zu einem einzigen Punkt am Horizont zusammen. Sie wird häufig für Straßen, Eisenbahnschienen oder Gebäude verwendet, die von vorne gesehen werden.

Horizontlinie: Zeichnet eine horizontale Linie quer über die Seite. Fluchtpunkt: Wählen Sie einen Punkt auf der Horizontlinie, an dem alle Linien zusammenlaufen. Konvergierende Linien: Zeichnen Sie Linien von den Ecken Ihres Objekts zurück zum Fluchtpunkt.

Zweipunktperspektive: In diesem Fall laufen die Linien an zwei Punkten am Horizont zusammen. Dies ist nützlich, um Gebäude von einer Ecke aus gesehen zu zeichnen.

Horizontlinie und Fluchtpunkte: Zeichnen Sie die Horizontlinie und markieren Sie zwei Fluchtpunkte an beiden Enden. Konvergierende Linien: Die Objektlinien laufen zu einem der beiden Fluchtpunkte zusammen.

Zusammenfassung: Die erweiterte Toolbox enthüllt

Dieses Kapitel war eine Odyssee, nicht wahr? Wir haben die Feinheiten von Texturen enträtselt, mit dynamischen Bewegungen getanzt und die illusorische Magie der Perspektive erlebt. Diese Techniken sind Ihre Schlüssel zum Reich des fortgeschrittenen Zeichnens. Wenn wir dieses Kapitel abschließen, denken Sie daran, dass es sich nicht nur um Techniken handelt, sondern um Werkzeuge, mit denen Sie Ihre einzigartige Stimme in der Kunstwelt zum Ausdruck bringen können.

Sind Sie gespannt auf den nächsten Schritt? Lassen Sie uns die Seite umblättern und diese erstaunliche Reise fortsetzen.

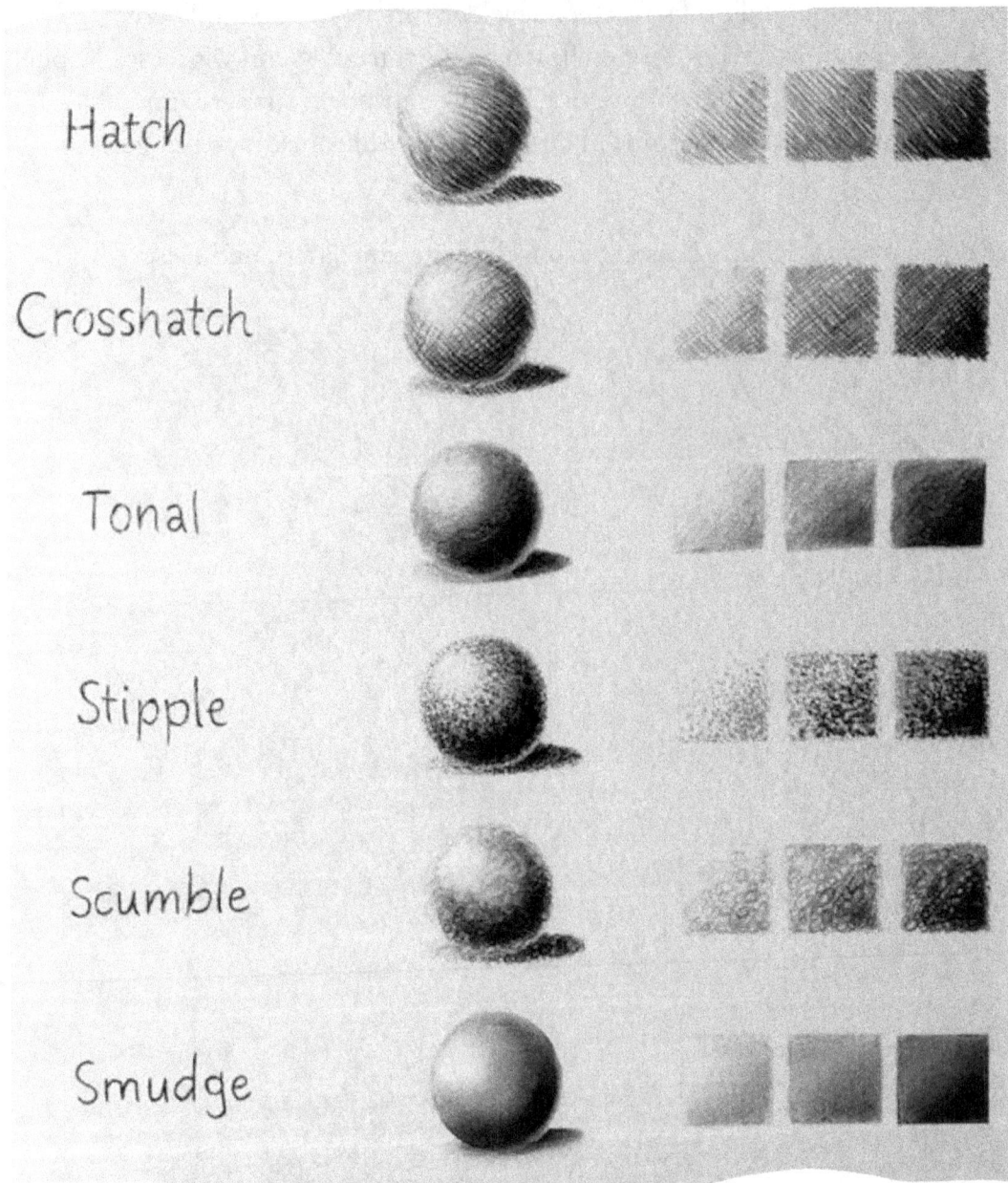

Kapitel 8: Variationen im Stil - Finden Sie Ihre Persönliche Note
Einführung: Die Signatur des Künstlers

Die Welt der Kunst ist so vielfältig wie die Künstler, die sie schaffen. Es gibt Platz für jeden und jeden Stil. Ihre künstlerische Stimme ist eine Mischung aus Ihren Fähigkeiten, Einflüssen und Lebenserfahrungen, die sie einzigartig macht. Stellen Sie sich dieses Kapitel als eine lebendige Palette künstlerischer Stile vor. Ihre Aufgabe ist es, diese "Farben" zu mischen und zu kombinieren, um Ihr Meisterwerk zu schaffen.

Realismus: Die Welt einfangen, wie sie ist

Visuelle Grafiken: Gegenüberstellung eines Fotos und einer realistischen Zeichnung desselben Motivs, die die unglaubliche Liebe zum Detail zeigt.

Techniken:

- **Beobachtung**: Der Eckpfeiler des Realismus. Studieren Sie Ihr Motiv sorgfältig und achten Sie auf die Nuancen von Licht, Schatten und Form.

- **Graduelle Schattierung**: Beherrschen Sie die Kunst der sanften Übergänge zwischen den Farbtönen, um einen dreidimensionalen Effekt zu erzielen.

- **Genauigkeit**: Genauigkeit ist das A und O. Benutzen Sie Lineale, Zirkel und Gitternetze, wenn nötig.

Zusätzliche Tipps:

- Führen Sie ein Skizzenbuch für Beobachtungszeichnungen.

- Arbeiten Sie, wann immer möglich, nach dem Leben.

- Beobachten Sie die Werke realistischer Künstler, um sich von ihnen inspirieren zu lassen.

Praktische Übung:

- Zeichnen Sie ein Stillleben und achten Sie dabei auf das Zusammenspiel von Licht und Schatten, die Textur der Materialien und die Farbschattierung.

Abstrakt: Grenzen sprengen

Visuelle Grafik Beschreibung: Beispiele für abstrakte Kunst mit geometrischen Formen, wilden Farbschemata und unkonventionellen Formen.

Techniken:

- **Farbtheorie**: Abstrakte Kunst ist eine Spielwiese für Farben. Lernen Sie die Grundlagen der Farbtheorie, um Ihre Werke hervorzuheben.
- **Formen und Linien**: Lösen Sie sich vom Konkreten und wagen Sie sich in das Reich der Abstraktion.
- **Texturen**: Verwenden Sie verschiedene Medien, um eine Vielzahl von Texturen zu erzeugen. Dadurch wird Ihre Kunst vielschichtiger und komplexer.

Zusätzliche Tipps:

- Experimentieren Sie mit nicht-traditionellen Werkzeugen, wie z. B. Spachteln oder sogar Ihren Fingern.
- Studieren Sie die emotionale Wirkung von Farben und Formen.
- Besuchen Sie Ausstellungen für abstrakte Kunst, um sich zu inspirieren.

Praktische Übung:

- Entwerfen Sie ein abstraktes Werk, das von einem Musikstück inspiriert ist. Konzentrieren Sie sich auf die Gefühle, die die Musik bei Ihnen auslöst, und versuchen Sie, diese Gefühle durch Farben und Formen auszudrücken.

Cartoon und Karikatur: Verstärken Sie die Realität

Visuelle Grafik Beschreibung: Beispiele von Cartoons und Karikaturen, mit Betonung auf übertriebenen Merkmalen.

Techniken:

- **Übertreibung**: Cartoons und Karikaturen leben von der Übertreibung. Sie übertreiben, um zu unterhalten, aber nicht, um zu entstellen.

- **Einfachheit**: In einer Karikatur kann weniger mehr sein. Klare Linien können Emotionen oder Handlungen effektiver vermitteln.
- **Humor**: Die Seele dieses Stils. Ob Satire oder Slapstick, achten Sie darauf, dass Ihre Zeichnung den Witz trifft.

Zusätzliche Ratschläge:

- Cartoons eignen sich hervorragend zum Erzählen von Geschichten. Denken Sie darüber nach, Ihren eigenen Comicstrip zu erstellen.
- Studieren Sie die Arbeiten berühmter Cartoonisten und Karikaturisten. Was macht ihre Arbeit außergewöhnlich?
- Experimentieren Sie mit digitalen Werkzeugen; sie bieten eine Vielzahl von Möglichkeiten.

Praktische Übung:

- Zeichnen Sie eine Karikatur von jemandem, den Sie kennen, und konzentrieren Sie sich dabei auf die markantesten Merkmale. Achten Sie darauf, dass das Ganze Spaß macht!

Manga und Anime: Die Kunst des Geschichtenerzählens

Visuelle Grafiken Beschreibung: Beliebte Beispiele von Manga- und Anime-Kunststilen, die die Vielfalt dieser Genres zeigen.

Techniken:

- **Gesichtsausdruck**: Manga und Anime sind gefühlsbetont. Die Beherrschung einer Vielzahl von Gesichtsausdrücken ist unerlässlich.
- **Dynamische Posen**: Fangen Sie die Handlung durch übertriebene, aber fließende Bewegungen ein.
- **Panel-Layout**: In Manga spielt das Panel-Layout eine entscheidende Rolle für das Tempo der Geschichte.

Zusätzliche Tipps:

- Studieren Sie die Arbeiten bekannter Manga-Künstler, um die Feinheiten dieses Stils zu verstehen.
- Berücksichtigen Sie den Zeitfluss in Ihren Manga-Panels; es geht nicht nur um die einzelnen Zeichnungen, sondern darum, wie sie miteinander verbunden sind.
- Denken Sie daran: Mangas werden von rechts nach links gelesen!

Praktische Übung:

- Erstelle einen kurzen Manga-Strip. Umreißen Sie eine einfache Geschichte, skizzieren Sie sie und erwecken Sie dann Ihre Figuren zum Leben.

Zusammenfassung: Dein einzigartiger Stil ist deine Superkraft

Ihren einzigartigen Stil zu finden, ist wie ein Puzzle zu vervollständigen. Jeder Einfluss, jede Fähigkeit, die Sie erwerben, ist ein Teil dieses Puzzles. Sie haben vielleicht noch nicht das komplette Bild, und das ist auch in Ordnung! Der künstlerische Stil ist fließend; du darfst dich weiterentwickeln, und das gilt auch für dich. Experimentieren Sie weiter, stellen Sie sich immer wieder neuen Herausforderungen, und vor allem: zeichnen Sie weiter. Die Welt wartet auf deine einzigartige Note. Lassen Sie uns weiterblättern, ja?

Dieses erweiterte Kapitel soll unseren Lesern eine vertiefte und bereichernde Erfahrung bieten. Möchten Sie mit dem nächsten Abschnitt fortfahren?

Zeichnen Lernen

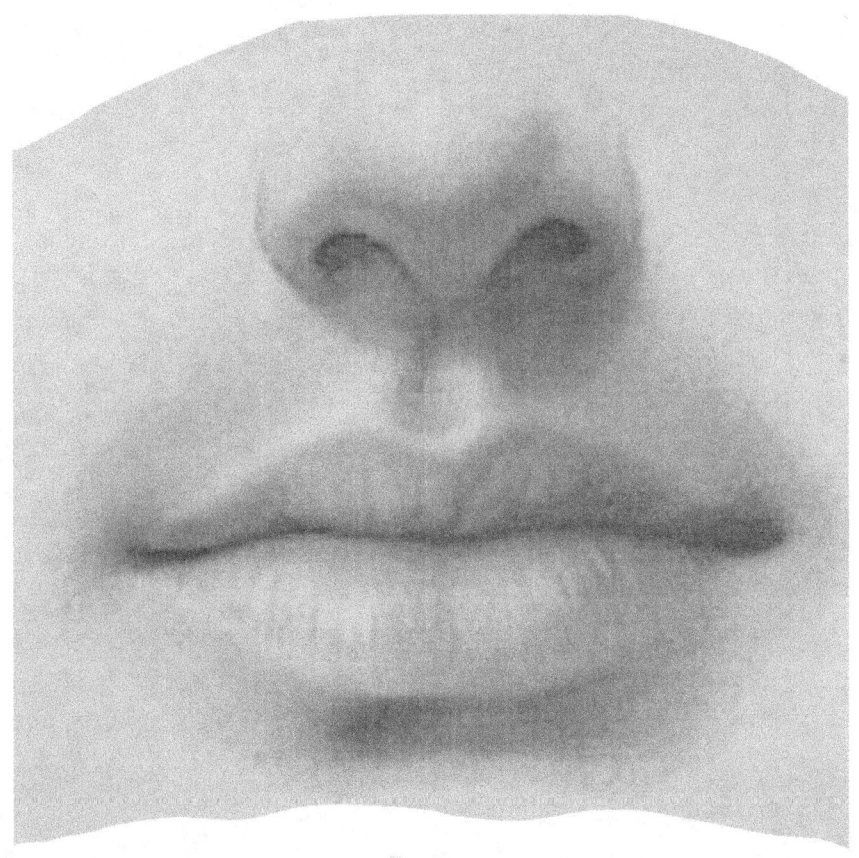

Zeichnen Lernen

Zeichnen Lernen

Kapitel 9: Gemeinsame Problemlösung - Überwindung Künstlerischer Hindernisse

Einführung: Durch das Labyrinth der Kreativität navigieren

Auf künstlerischen Reisen geht es nicht nur darum, das Licht der Inspiration zu genießen, sondern sich auch den Schatten der Hindernisse zu stellen. Jedes Hindernis ist jedoch eine versteckte Einladung zum Wachstum, zur Erweiterung Ihres künstlerischen Repertoires. Betrachten Sie daher dieses Kapitel nicht nur als Leitfaden, sondern als Ihren fachkundigen Begleiter auf den verschlungenen Pfaden der Kreativität.

Abschnitt I: Die gefürchtete Künstlerblockade: Wie man sie loswird

Was ist eine Künstlerblockade? Der Zustand, in dem einem die Ideen auszugehen scheinen oder das Selbstvertrauen schwindet, so dass man vor einer einschüchternden leeren Leinwand steht. Es handelt sich um ein weit verbreitetes Phänomen, aber die Lösungen sind so vielfältig wie seine Ursachen.

Visuelle Grafik Beschreibung: Ein Arbeitsablauf von der Frage "Haben Sie eine Künstlerblockade?" bis zu verschiedenen Lösungen wie "Machen Sie eine Pause", "Suchen Sie Inspiration" und "Fordern Sie sich selbst heraus".

Techniken zur Überwindung einer Künstlerblockade:

- **Mind Mapping**: Diese visuelle Form des Brainstormings kann Ihnen helfen, Ihre verstreuten Gedanken zu ordnen.

- **Fallstudie**: Die Künstlerin Jane Doe verwendet Mind Maps, um Themen für ihre Kunstwerke zu entwickeln.

- **Kreative Beschränkungen**: Das Setzen von Grenzen kann befreiend sein und Ihrer Kreativität die Möglichkeit geben, sich zu konzentrieren.

- **Übung**: Versuchen Sie die Übung "Vier Linien", bei der Sie Kunstwerke mit nur vier geraden Linien schaffen müssen.

Tipps für Fortgeschrittene:

- **Kunsttagebuch**: Führen Sie ein Tagebuch, in dem Sie Ideen, Skizzen und Inspirationen notieren können.

- **Zusammenarbeit**: Manchmal sind zwei Köpfe besser als einer. Schließen Sie sich mit einem anderen Künstler zusammen, um Ihren kreativen Funken neu zu entfachen.

Abschnitt II: Proportionen und Perspektiven: Wie man es richtig macht

Die Bedeutung der Genauigkeit: Abstrakte Kunst hat zwar ihren Reiz, aber für realistische Zeichnungen ist die Beherrschung der Proportionen entscheidend. Dieser Abschnitt ist Ihr technischer Leitfaden, Ihr Lineal und Ihre Wasserwaage.

Visuelle Grafik Beschreibung: Seite-an-Seite-Vergleich zwischen einer verzerrten Zeichnung und ihrer korrigierten Version.

Techniken zur Beherrschung von Proportionen:

- **Messtechniken**: Lernen Sie, wie Sie Proportionen mit dem Bleistift messen können.

- **Fallstudie**: Der berühmte Porträtmaler John Smith und wie er die Proportionen beherrschte.

- **Grundlagen der Anatomie**: Verstehen des Skelett- und Muskelsystems beim Zeichnen von Menschen und Tieren.

- **Übung**: Skizzieren Sie eine einfache anatomische Figur mit Schwerpunkt auf den Proportionen der Gliedmaßen.

Tipps für Fortgeschrittene:

- **Goldener Schnitt**: Dieses mathematische Verhältnis kann helfen, ästhetisch ansprechende Kompositionen zu erzielen.

- **Einsatz der Fotografie**: Die Überlagerung von Fotos mit einem Raster kann Ihre Beobachtungsgabe verbessern.

Abschnitt III: Schattierung und Licht: Beherrschung der Illusion von Tiefe

Die Rolle der Schattierung Die Schattierung ist nicht nur eine Technik, sie ist die Sprache der Tiefe und Dimension in der visuellen Welt. Es ist das, was Ihre zweidimensionalen Linien in eine realistische Form verwandelt.

Visuelle Grafik Beschreibung: Verschiedene Objekte, die mit einer, zwei und mehr Lichtquellen schattiert werden.

Schattierungstechniken:

- **Arten von Schattierungen**: Kreuzen, Punktieren und andere Techniken.
- **Fallstudie**: Leonardo da Vincis Verwendung von Helldunkel in seinen Werken.
- **Materialstudie**: Wie unterschiedliche Oberflächen die Wechselwirkung mit dem Licht beeinflussen.
- **Übung**: Zeichnen Sie ein glänzendes und ein mattes Objekt nebeneinander und beobachten Sie die Unterschiede in der Schattierung.

Tipps für Fortgeschrittene:

- **Schattierung im Freien**: Techniken zum Einfangen von natürlichem Licht in Landschaften.
- **Künstliches vs. natürliches Licht**: Wie unterschiedliche Lichtquellen Ihre Arbeit beeinflussen können.

Zusammenfassung: Die Kunst der Überwindung

Zeichnen ist eine Reise mit vielen Hindernissen. Aber denken Sie daran: Hindernisse sind keine Sackgassen, sondern Umwege auf dem Weg zur Meisterschaft. Bei der Bewältigung dieser häufigen Probleme haben Sie nicht nur Ratschläge erhalten, sondern auch die Widerstandsfähigkeit, die Künstler von einfachen Kritzlern unterscheidet.

Teil IV: Beherrschung und Fortgeschrittene Konzepte

Einführung: Die Schwelle der Meisterschaft

Willkommen auf dem Gipfel deines künstlerischen Aufstiegs - Teil IV. Machen Sie sich klar, dass der Gipfel dort ist, wo der Aufstieg steiler, aber auch lohnender wird. Die meisterhaften Pinselstriche, die den Betrachter in Erstaunen versetzen, das brillante Spiel von Licht und Schatten, die sublime Erzählung durch Linien und Konturen: Dies sind keine bloßen Techniken. Sie sind Ausdruck unermüdlicher Hingabe, intensiver Konzentration und eines unstillbaren Verlangens nach künstlerischem Wachstum.

Die folgenden Kapitel sollen Ihnen helfen, die Schwelle zur Kunstfertigkeit zu überschreiten. In diesem Abschnitt werden Sie in fortgeschrittene Techniken und Konzepte eingeführt, die Ihre Fähigkeiten in den Bereich der professionellen Kunst katapultieren können. Sie werden die Werkzeuge und Ansätze kennen lernen, die professionelle Künstler verwenden, um ihre Arbeit zu verbessern, und Sie werden auch in das weite Meer der digitalen Kunst eintauchen. Darüber hinaus werden wir besprechen, wie Sie Ihre Kunst in einem Portfolio zusammenstellen können - ein entscheidender Schritt, wenn Sie Ihre Leidenschaft zum Beruf machen oder einfach nur Ihre Entwicklung als Künstler zeigen wollen.

Visuelle Grafik Beschreibung: Eine Pyramide, die die Stufen der künstlerischen Entwicklung illustriert. An der Basis stehen die "Grundlegenden Fähigkeiten", darüber die "Mittleren Techniken" und an der Spitze die "Meisterschaft und fortgeschrittenen Konzepte".

An diesem Punkt Ihrer Reise haben Sie das Wesentliche begriffen, Ihr Auge geschärft und sich durch die üblichen Hindernisse gekämpft. Jetzt ist es an der Zeit, den letzten Schliff zu geben, die Feinheiten, die gute Kunst von großer Kunst unterscheiden. Dies sind die Konzepte, die oft schwer zu beschreiben sind, aber bei Meisterwerken sofort erkennbar sind. Es geht nicht nur darum, was man auf die Leinwand bringt, sondern auch darum, was man weglässt; nicht nur darum, wie man Techniken einsetzt, sondern auch darum, wie man sie anpasst oder sogar absichtlich aufbricht, um eine Aussage zu treffen.

Um etwas zu meistern, muss man über bekannte Grenzen hinausgehen, Normen brechen und Neuland betreten. In der Kunst bedeutet dies, dass man lernen muss, über die Technik hinauszugehen, um seine einzigartige Stimme zu finden, seine künstlerische Handschrift, die aus einem Meer von Gleichförmigkeit herausragt. Ganz gleich, ob Sie die Kunst als Beruf, als leidenschaftliches Hobby oder als persönliches Ausdrucksmittel verfolgen, der Weg zur Meisterschaft ist mit Innovation und Selbstbeobachtung gepflastert.

Denken Sie zu Beginn dieses spannenden Abschnitts daran, dass es bei der Kunst nicht um das Ziel geht, sondern um die Reise. Es geht nicht darum, wo der Bleistift endet, sondern wohin er dich führt. Also spitzen Sie Ihre Bleistifte, denn wir sind noch nicht am Ziel, sondern dies ist erst der Anfang Ihrer langfristigen Beziehung zur Kunst.

Dieser Abschnitt bereitet Sie auf den letzten Schritt zu einem vollendeten Künstler vor. Sind Sie bereit, sich in diese fortgeschrittenen Konzepte zu vertiefen?

Zeichnen Lernen

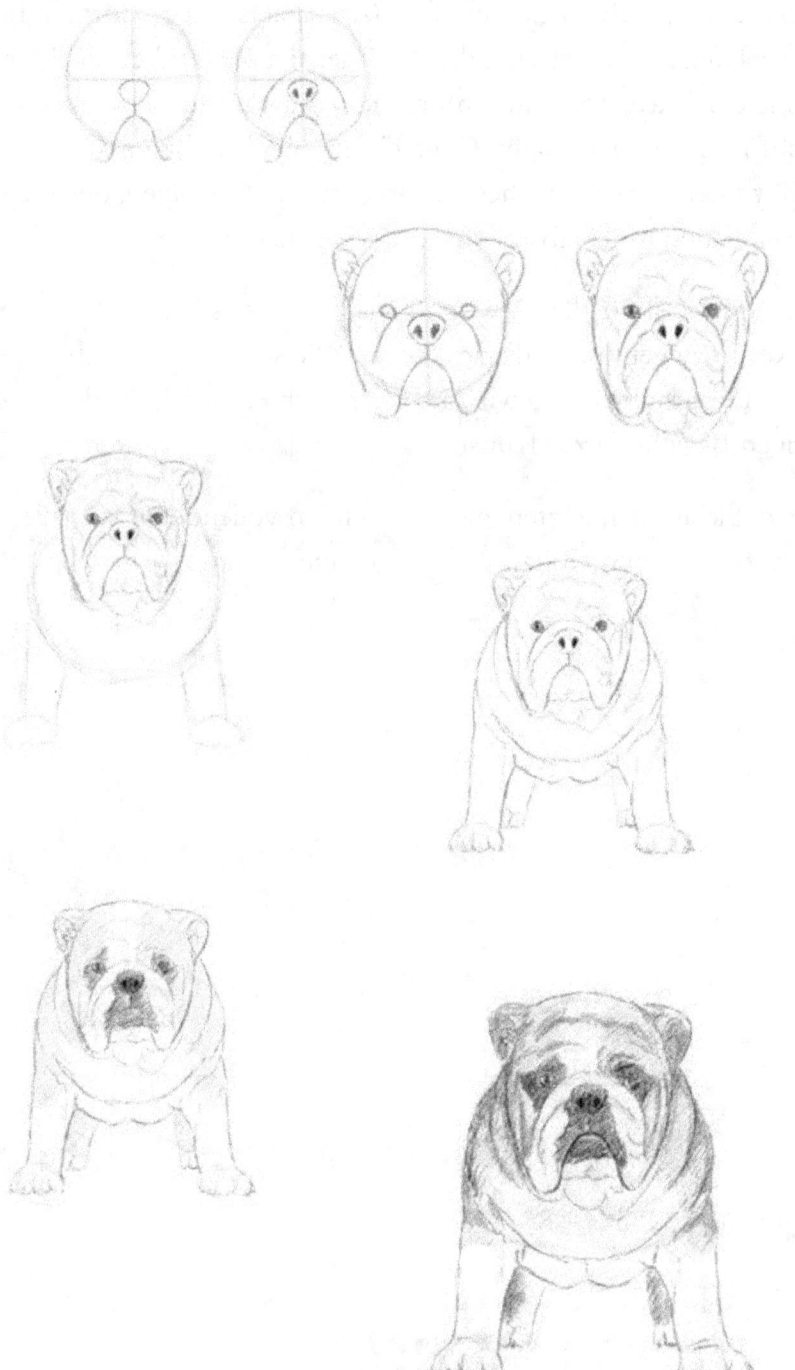

Zeichnen Lernen

Kapitel 10: Professionelle Techniken - Ihre Kunst Aufwerten

Einleitung: Die Kunstfertigkeit eines Profis

Herzlichen Glückwunsch zum Erreichen dieses entscheidenden Kapitels. Hier erheben wir uns von Kunststudenten zu Kunstpraktikern. Während in den vorangegangenen Abschnitten die Grundlagen gelegt und die Macken ausgebügelt wurden, ist dieses Kapitel Ihre letzte Runde, in der wir Ihrer künstlerischen Persönlichkeit den letzten Schliff geben. Stellen Sie sich dies als die Feinarbeit vor, die eine gute Skulptur in ein atemberaubendes Meisterwerk verwandelt.

Visuelle Grafik Beschreibung: Eine Reihe von Werkzeugen, die professionelle Künstler häufig verwenden: hochwertige Stifte, fortschrittliche Notizbücher, digitale Tablets und spezielle Software.

Abschnitt I: Fortgeschrittene Skizziertechniken (800 Wörter)

Zu diesem Zeitpunkt sollte das Skizzieren für Sie zur zweiten Natur geworden sein. Dennoch ist es wichtig, die Grenzen immer weiter zu verschieben.

Freihändiges Skizzieren: Eine fortgeschrittene Übung, um Ihr Handgelenk zu lockern und Ihren Linien Spontaneität zu verleihen. Fallstudie: Wie Picassos Freihandskizzen einen intimen Einblick in seine außergewöhnliche Vorstellungskraft gewähren. Umrisszeichnung: Eine Technik, um das Wesentliche zu erfassen, ohne sich in den Details zu verlieren. Übung: Zeichnen Sie eine Blume in einer durchgehenden Linie, ohne den Bleistift anzuheben.

Abschnitt II: Beherrschung der Farbtheorie

Farbe ist mehr als nur ein visuelles Vergnügen; sie ist ein mächtiges Werkzeug für den Ausdruck.

Verstehen des Farbkreises: Lernen Sie die Primär-, Sekundär- und Tertiärfarben kennen. Übung: Erstellen Sie Ihren eigenen Farbkreis mit Farben oder digitalen Werkzeugen. Psychologie der Farben: Wie verschiedene Farben unterschiedliche Emotionen hervorrufen. Fallstudie: Van Goghs Verwendung von Farben zur Darstellung von Stimmung und Gefühlen in "Sternennacht".

Abschnitt III: Textur und Muster

Zusätzlich zu Farbe und Form kann die Textur Ihren Zeichnungen eine greifbare Qualität verleihen.

Physische vs. visuelle Textur: Verstehen Sie den Unterschied und wie Sie beides einsetzen können. Übung: Erstellen Sie eine Zeichnung, die sowohl physische als auch visuelle Texturen enthält. Effektiver Einsatz von Mustern: Von natürlichen bis hin zu geometrischen Mustern - machen Sie Kunst interessanter. Fallstudie: Komplizierte Muster in der islamischen Kunst und ihre symbolischen Bedeutungen.

Abschnitt IV: Kompositionen und Layouts

Eine wirkungsvolle Komposition kann selbst einfache Motive in ansprechende Kunstwerke verwandeln.

Drittel-Regel: Eines der wichtigsten Prinzipien der künstlerischen Komposition. Übung: Nehmen Sie ein einfaches Motiv und zeichnen Sie es nach der Drittel-Regel. Fokus und Balance schaffen: Techniken, um das Auge des Betrachters zu lenken. Fallstudie: Das Gleichgewicht zwischen Symmetrie und Asymmetrie in der japanischen Kunst.

Abschnitt V: Der digitale Sprung: Einführung in digitale Werkzeuge

Willkommen im 21. Jahrhundert in der Kunst! Die digitale Leinwand bietet eine Fülle neuer Möglichkeiten.

Softwareauswahl: Von Adobe Photoshop bis Procreate, erkunden Sie die wichtigsten Plattformen. Fallstudie: Digitalkünstler, die sich mit unterschiedlicher Software einen Namen gemacht haben. Der Übergang vom Papier zum Bildschirm: Tipps und Übungen für den Übergang. Übung: Erstellen Sie eine einfache Zeichnung auf einer digitalen Plattform und vergleichen Sie sie mit Ihrer Bleistiftskizze.

Zusammenfassung: Der letzte Pinselstrich

Sie haben nicht nur die steile Lernkurve der künstlerischen Techniken erklommen, sondern auch die Grenzen überschritten und den Bereich der fortgeschrittenen Handwerkskunst berührt. Die in diesem Kapitel behandelten Werkzeuge und Techniken sind nicht nur Fertigkeiten, sondern auch Ihre Verbündeten bei der Schaffung von Kunst, die nicht nur beeindruckt, sondern auch etwas ausdrückt. Gehen Sie immer wieder an die Grenzen und denken Sie daran, dass Kunst eine ewige Reise ist und Sie gerade erst anfangen.

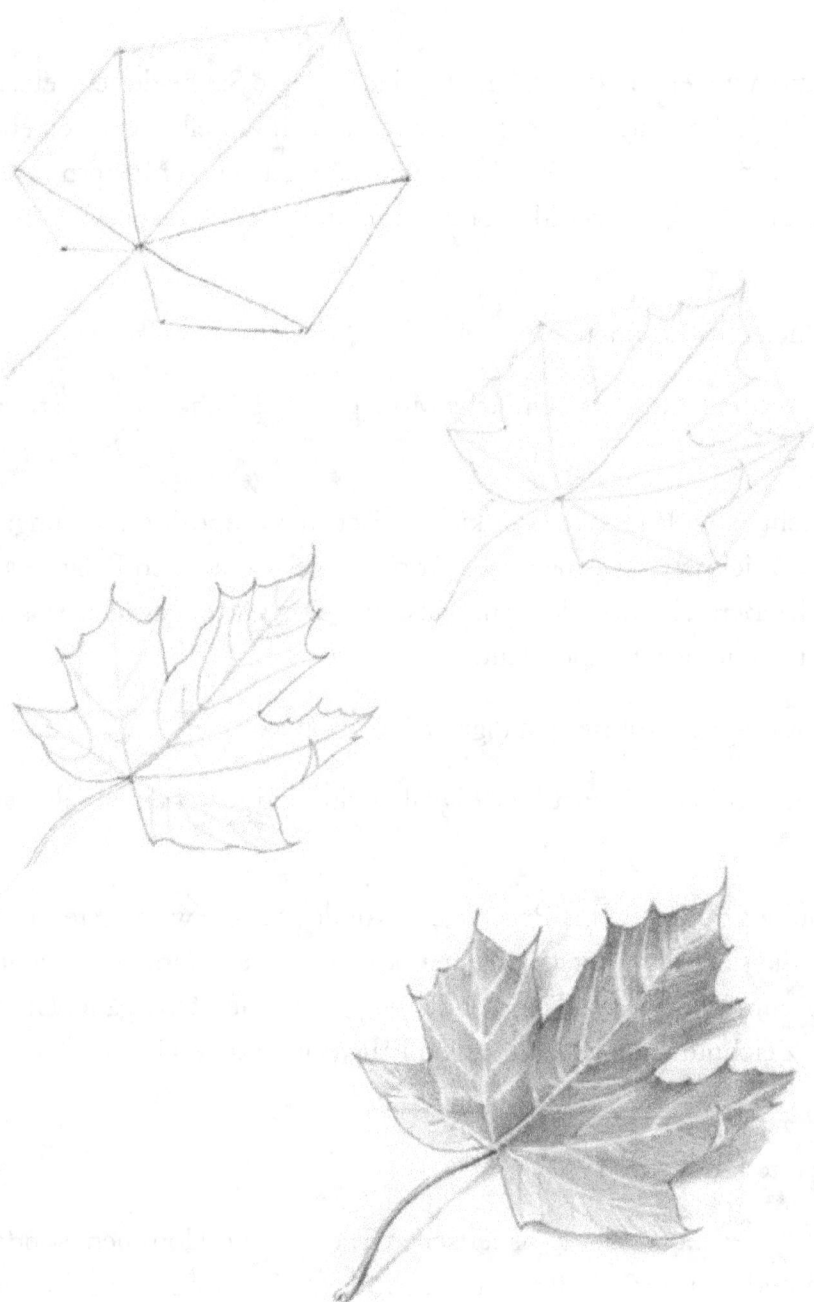

Zeichnen Lernen

Kapitel 11: Digitale Kunst - Einführung in die Technologischen Werkzeuge

Einführung: Die digitale Renaissance

Wenn Sie die Seiten dieses Kapitels umblättern, betreten Sie eine dynamische und sich ständig verändernde Welt: die digitale Kunst. Sie ist die Leinwand des 21. Jahrhunderts, in der die einzige Grenze Ihre Vorstellungskraft ist. Obwohl die traditionelle Kunst immer ihren heiligen Platz haben wird, eröffnet die digitale Kunst neue Horizonte, die es Ihrer Kreativität erlauben, die physischen Grenzen zu überschreiten. In diesem Kapitel führen wir Sie durch das digitale Labyrinth und stellen Ihnen die Software, Werkzeuge und Techniken vor, die die künstlerische Landschaft neu definieren.

Visuelle Grafik Beschreibung: Ein digitales Tablett mit einem Stift, flankiert von einem traditionellen Skizzenbuch und Bleistift, symbolisiert die Verschmelzung zweier Welten.

Abschnitt I: Wesentliche Hardware-Werkzeuge

Der Einstieg in die digitale Kunst erfordert nicht nur Enthusiasmus, sondern auch die richtige Ausrüstung.

Grafiktabletts: Umfassender Überblick über Marken wie Wacom, XP-Pen und Huion mit Diskussion ihrer Vor- und Nachteile.

- **Fallstudie**: Wie der bekannte Digitalkünstler Aaron Blaise sein Tablett benutzt, um natürliche Medien zu simulieren.
- **Tipp**: Berücksichtigen Sie bei der Wahl der Größe Ihres Tabletts Ihren Arbeitsbereich.
- **Übung**: Versuchen Sie, gerade und gebogene Linien mit einem Stift zu zeichnen.

Eingabestift: Erfahren Sie mehr über Typen, Druckempfindlichkeit, Neigungserkennung und anpassbare Tasten.

- **Cool Fact**: Die Technologie hinter der Druckempfindlichkeit des Stiftes!
- **Übung**: Zeichnen Sie dasselbe Objekt mit verschiedenen Druckstufen.

Abschnitt II: Software-Grundlagen

Digitale Kunst ist nur so vielseitig wie die Software, die sie verwendet.

Adobe Photoshop vs. Corel Painter: Nicht nur ein Vergleich, sondern auch ihre spezifischen Stärken bei der Fotobearbeitung und der Simulation von natürlichen Medien.

- **Übung**: Laden Sie die Testversionen herunter und erstellen Sie eine einfache Zeichnung in beiden Plattformen.
- **Cool Fact**: Die Geschichte hinter dem Namen Photoshop!

Mobile Zeichen-Apps: Wir gehen über Procreate und Sketchbook hinaus und stellen weniger bekannte, aber leistungsstarke Apps wie Adobe Fresco und Ibis Paint X vor.

- **Fallstudie**: Künstler wie David Hockney, die die Kunst auf dem iPad für sich entdeckt haben.

Abschnitt III: Verständnis von Ebenen und Pinseln

Dies sind die Bausteine Ihrer digitalen Kunst.

Arbeiten mit Ebenen: Vertiefung der Ebenenmodi wie Multiplizieren, Überlagern und Verwendung von Masken.

- **Übung**: Erstellen Sie ein Selbstporträt mit mehreren Ebenen.
- **Interaktives Element**: Ein Spiel mit Ebenen, um die Stapelreihenfolge zu verstehen.

Pinseltypen: Erkunden Sie die riesige Landschaft der Pinsel, einschließlich benutzerdefinierter Pinsel.

- **Fallstudie**: Wie die benutzerdefinierten Pinsel von Loish zu einem Industriestandard wurden.

Abschnitt IV: Spezialeffekte und Filter

Der Zauber der digitalen Kunst liegt in den grenzenlosen Möglichkeiten.

Hinzufügen von Texturen: Von der Verwendung vorgefertigter Texturen bis hin zur Erstellung eigener Texturen von Grund auf.

- **Übung**: Verwandeln Sie eine flache Illustration in ein texturiertes Meisterwerk.
- **Mit Filtern spielen**: Ein verantwortungsbewusster Ansatz für den Einsatz von Filtern, die das Bild aufwerten, ohne aufgesetzt zu wirken.

- **Fallstudie**: Die Debatte über den Einsatz von künstlicher Intelligenz in der Kunstproduktion.

Abschnitt V: Exportieren und Weitergeben Ihrer digitalen Kunst

Ihr Werk ist erst dann vollständig, wenn Sie es mit anderen teilen.

Dateiformate: Ein genauerer Blick auf Bittiefe und Farbprofile und warum diese wichtig sind.

- **Übung**: Erstellen Sie eine Checkliste mit Schritten, bevor Sie Ihre Bilder exportieren.
- **Weitergabe in sozialen Medien**: Wie Sie die Qualität Ihrer Bilder beim Hochladen auf Plattformen, die Bilder komprimieren, erhalten können.
- **Fallstudie**: Wie einige Künstler ihre Kunst in mehrere Beiträge aufteilen, um eine größere Wirkung zu erzielen.

Zusammenfassung: Die digitale Grenze

Herzlichen Glückwunsch zum Abschluss dieses umfangreichen Kapitels über digitale Kunst! Wir hoffen, dass Sie am Ende dieses Kapitels spüren, welch elektrisierendes Potenzial die digitalen Werkzeuge für Ihren kreativen Raum bieten. Denken Sie daran, dass, wie bei der traditionellen Kunst, Übung den Meister macht.

Zeichnen Lernen

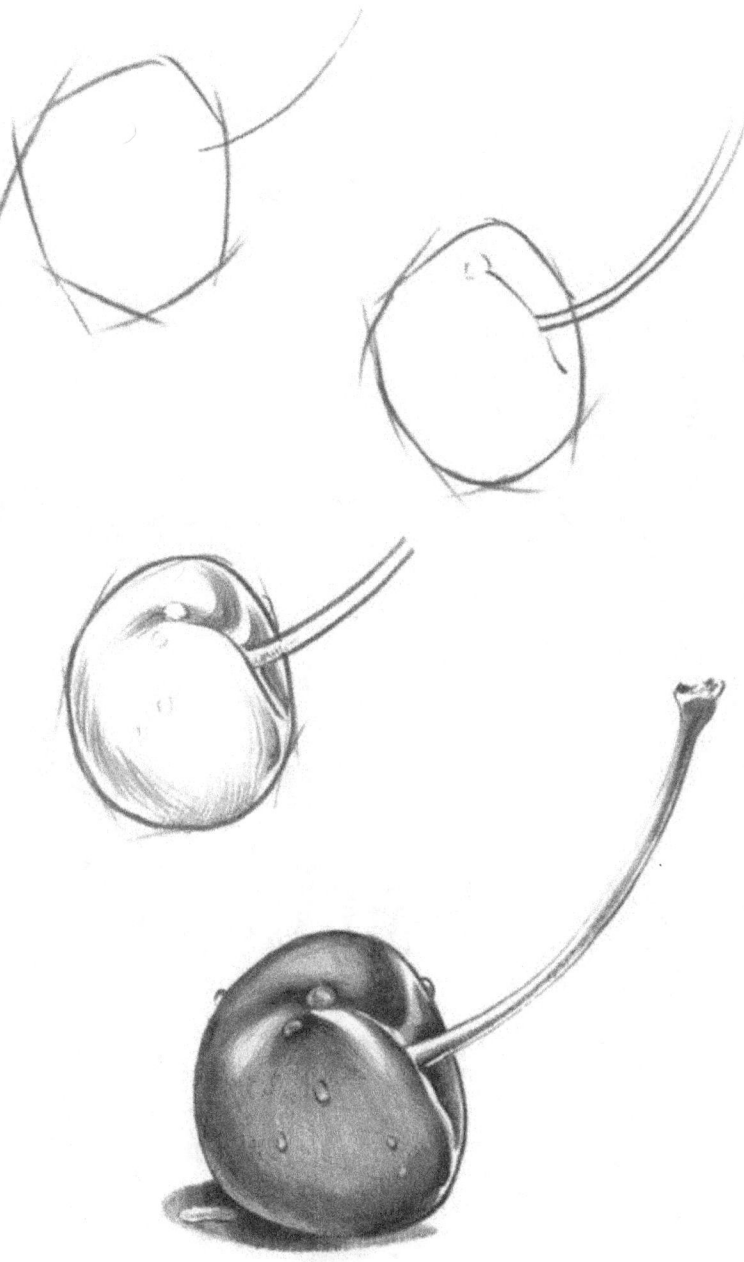

Zeichnen Lernen

Kapitel 12: Erstellen eines Portfolios - Vorbereitung auf Berufliche Möglichkeiten

Einführung

Wenn Ihre Kunst die Sprache ist, die Sie sprechen, dann betrachten Sie Ihr Portfolio als den Roman, den Sie im Laufe der Zeit geschrieben haben, wobei jedes Werk ein anderes Kapitel hinzufügt und Ihrer Erzählung Komplexität und Nuancen verleiht. Dieser Abschnitt Ihrer künstlerischen Reise ist nicht nur ein Nebengedanke, sondern ein grundlegender Meilenstein. Es ist der Übergang vom künstlerischen Schaffen zur persönlichen Erkundung hin zum Schaffen einer visuellen Erzählung, um die Welt zu erfahren. Hier tauchen wir tief in die Architektur eines Portfolios ein, von der Konzeption bis zur Präsentation, und erklären, warum es für Ihre akademische, freiberufliche oder berufliche Karriere so wichtig ist.

Abschnitt I: Die Bedeutung eines Portfolios

Warum Sie ein Portfolio brauchen

- **Unterabschnitt**: Networking: Erweitern Sie Ihre Kontakte, indem Sie Ihr Portfolio als Ausgangspunkt für Gespräche nutzen.

- **Unterabschnitt**: Bewertung von Fähigkeiten: Ihr Portfolio kann auch als Ihre persönliche Leistungsüberprüfung dienen.

- **Unterkapitel**: Vertrauensbildung: Die Erstellung eines Portfolios ist eine Bestätigung und stärkt oft Ihr künstlerisches Selbstvertrauen.

Erster Eindruck und bleibende Wirkung

- **Unterkapitel**: Die Psychologie des ersten Eindrucks: Wissenschaftliche Untersuchungen darüber, wie schnell sich Menschen eine Meinung bilden.

- **Unterabschnitt**: Aufbau einer Marke: Ihr Portfolio als Erweiterung Ihrer künstlerischen Marke.

Abschnitt II: Was Sie einschließen sollten

Die Pflege Ihrer Werke

- **Unterabschnitt**: Emotionale Wirkung: Verstehen des emotionalen Tons, den Ihre Werke insgesamt vermitteln.
- **Unterabschnitt**: Die Bedeutung des Kontextes: Wie Sie Ihre Werke so anordnen, dass sie eine Erzählung oder einen Fluss ergeben.

Was nicht enthalten sein sollte

- **Unterkapitel**: Vermeidung von Redundanz: Sicherstellen, dass jedes Stück einen einzigartigen Zweck erfüllt.
- **Unterabschnitt**: Wenn weniger mehr ist: Die Fallstricke eines überladenen Portfolios.

Abschnitt III: Digitale und physische Portfolios

Vorteile und Nachteile

- **Unterabschnitt**: Kosten und Bequemlichkeit: Die wirtschaftlichen Aspekte von digitalen und physischen Portfolios.
- **Unterabschnitt**: Reichweite: Wie jede Art von Portfolio unterschiedliche Zielgruppen ansprechen kann.

Das Beste aus beiden Welten kombinieren

- **Unterkapitel**: QR-Codes und Augmented Reality: Innovative Möglichkeiten, Ihr physisches Portfolio interaktiv zu gestalten.

Abschnitt IV: Präsentationstipps

Die Ästhetik des Designs

- **Unterkapitel**: Farbtheorie: Die Psychologie der Farbe und ihr Einfluss auf die Präsentation.
- **Unterkapitel**: Typografie: Warum es bei der Wahl der Schriftart nicht nur auf die Lesbarkeit, sondern auch auf die Atmosphäre ankommt.

Feedback-Schleife

- **Unterkapitel**: Kritikzirkel: Wie wichtig es ist, verschiedene Meinungen einzuholen.

- **Unterabschnitt**: Iterativer Prozess: Ihr Portfolio ist ein lebendiges Dokument; es sollte mit Ihnen wachsen und sich weiterentwickeln.

Schlussfolgerung

Herzlichen Glückwunsch, Sie haben Ihr Portfolio aus dem Ton Ihrer kreativen Arbeiten zu einer Statue geformt, die jeder Kunstgalerie würdig ist. Das Schöne an einer Mappe ist, dass sie ständig im Werden begriffen ist; sie ist nie wirklich "fertig". Jedes neue Projekt, das Sie in Angriff nehmen, jede neue Fähigkeit, die Sie sich aneignen, fügt diesem sich ständig weiterentwickelnden Meisterwerk einen neuen Pinselstrich hinzu. Jetzt sind Sie bereit, das Reich der unbegrenzten Möglichkeiten zu betreten, ausgestattet mit einem Portfolio, das nicht nur Ihre Arbeit präsentiert, sondern auch Ihre künstlerische Reise feiert.

Zeichnen Lernen

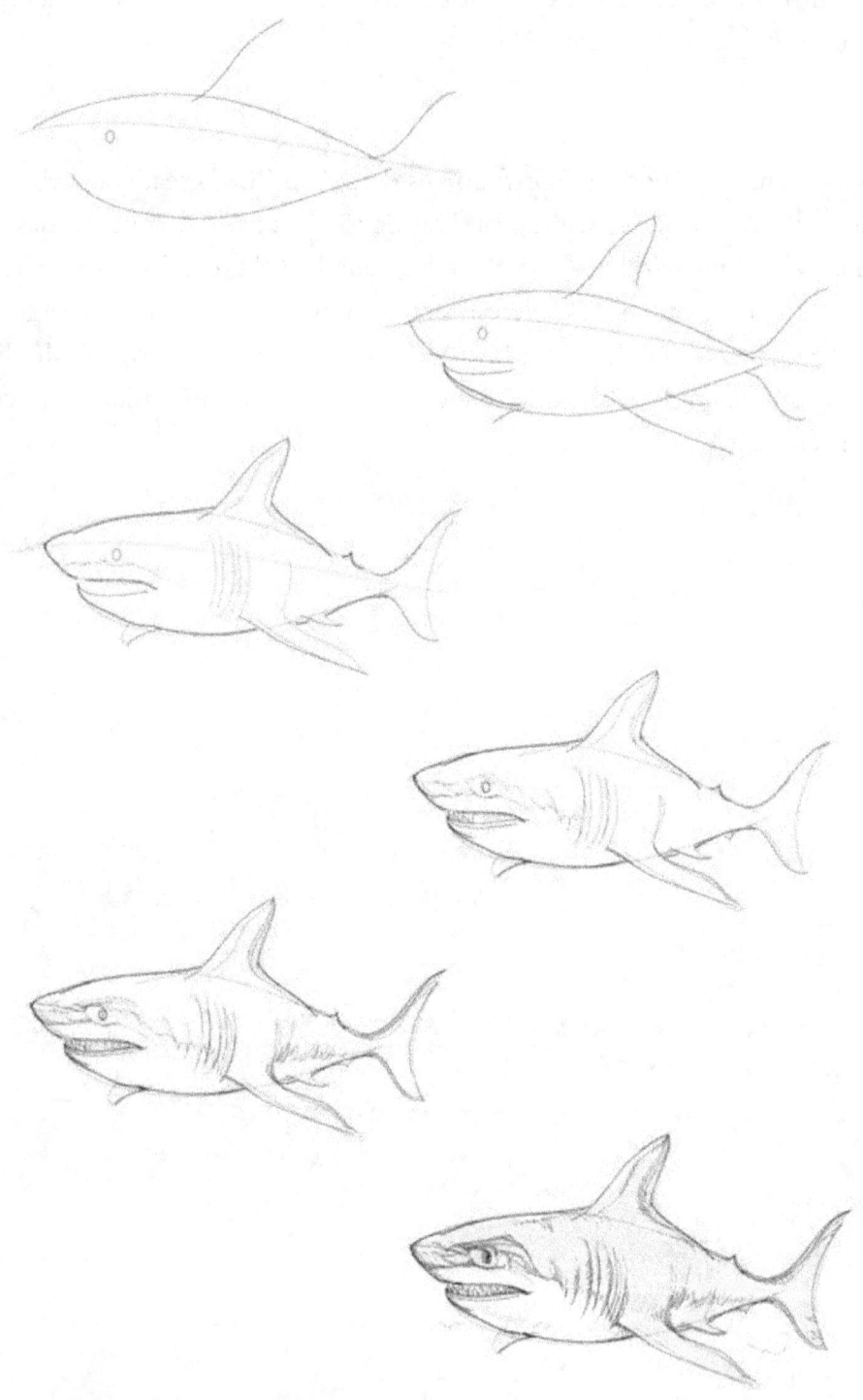

Zeichnen Lernen

Anhang

Anhang A: Übungsseiten mit Schritt-für-Schritt-Übungen

Zeichnen ist eine Fähigkeit, die am besten durch Übung gefördert wird, und dieser Anhang ist Ihr Spielplatz. Hier finden Sie Übungen, die von schnellen Aufwärmskizzen bis hin zu detaillierten Illustrationen reichen und jeweils von Schritt-für-Schritt-Anleitungen begleitet werden.

Grundlegende und geometrische Formen

- **Übung:** Erstellen Sie 3D-Formen aus einfachen geometrischen Formen.

Schattierungstechniken

- **Übung:** Experimentieren Sie mit Kreuzschraffuren und Tupfen.

Charakterdesign

- **Übung:** Skizzieren Sie eine Figur auf der Grundlage einer schriftlichen Beschreibung.

Anhang B: Glossar der Begriffe (ohne Jargon)

Die Kunst hat ihr eigenes Vokabular, und es zu verstehen, kann oft wie das Erlernen einer neuen Sprache erscheinen. Dieses Glossar dient als Wörterbuch und definiert die Begriffe so einfach wie möglich.

Medium: Das Medium, das Sie zum Erstellen von Kunst verwenden, z. B. Bleistift, Tinte oder digitale Werkzeuge.

Wert: Die Klarheit oder Dunkelheit einer Farbe.

Perspektive: Die Technik, die Künstler verwenden, um den dreidimensionalen Raum auf einer zweidimensionalen Ebene darzustellen.

Anhang C: Liste der Ressourcen für das kontinuierliche Lernen

Die Reise eines Künstlers ist lebenslang. In diesem Verzeichnis finden Sie Websites, Bücher, Online-Kurse und Gemeinschaften, die Ihnen helfen können, weiter zu wachsen.

Online-Kurse

- Ein Verzeichnis von erschwinglichen oder kostenlosen Kursen, die qualitativ hochwertigen Unterricht bieten.

Kunst-Gemeinschaften

- Plattformen, auf denen Sie Ihre Arbeit vorstellen, Feedback erhalten und sich mit anderen Künstlern austauschen können.

Buchempfehlungen

- Eine kuratierte Liste von Büchern, die fortgeschrittene Techniken und die Philosophie der Kunst erforschen.

Zeichnen Lernen

Schlussfolgerung
Setzen Sie Ihre künstlerische Reise fort

Sie haben das Ende dieses Buches erreicht, aber lassen Sie dies nicht das Ende Ihrer künstlerischen Reise sein. Ihre Reise ist einzigartig, geschaffen von Ihren Händen, geleitet von Ihrer Vision. Jeder Strich, den Sie machen, trägt zu Ihrer künstlerischen Sprache bei, jedes Werk, das Sie schaffen, ist eine Seite in Ihrer unendlichen Geschichte.

Nimm den Bleistift, den Pinsel oder welches Werkzeug auch immer du wählst, an und sei dir bewusst, dass es ein Teil von dir ist. Gehen Sie Risiken ein, machen Sie Fehler und vor allem: Bleiben Sie kreativ. Denn jeder Künstler hat als Anfänger begonnen, und jedes Meisterwerk begann mit einer einfachen Linie auf einer leeren Leinwand. Denken Sie daran, dass die Welt reicher ist, wenn Sie Ihre Kunst darin haben. Zeichnen Sie weiter, träumen Sie weiter und setzen Sie Ihre künstlerische Reise fort.

Zeichnen Lernen

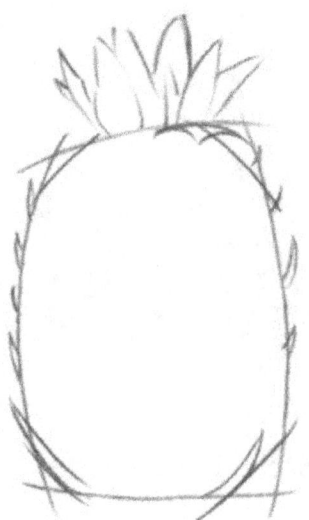
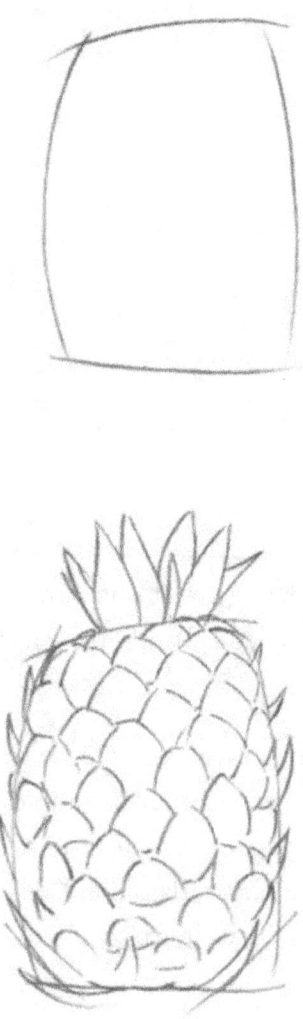
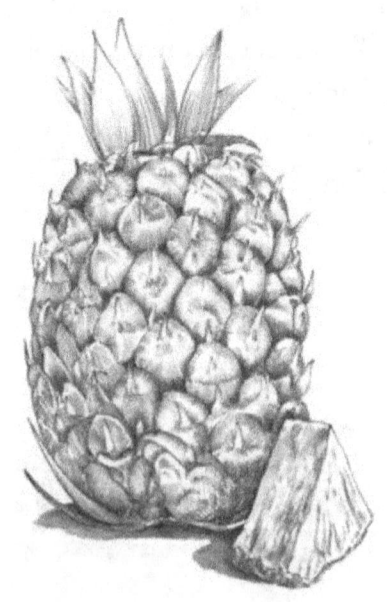

Zeichnen Lernen

Bonus 1: 30-Tage-Herausforderung zum Zeichnen

Einführung

Bringen Sie Ihr Zeichnen mit unserer sorgfältig konzipierten 30-Tage-Zeichen-Challenge auf die nächste Stufe! Jeder Tag konzentriert sich auf eine bestimmte Fähigkeit oder ein bestimmtes Konzept und gibt Ihnen einen klaren Weg zur ständigen Verbesserung vor. Folgen Sie und entdecken Sie die unendlichen Möglichkeiten Ihres kreativen Geistes.

Richtlinien

Zeitaufwand: Planen Sie jeden Tag 30-60 Minuten ein. Materialien: Variieren Sie Ihre Medien: Bleistift, Kohle, Tinte, digital usw. Feedback: Teilen Sie Ihre Arbeit mit der Community unter #30DayDrawingJourney.

Tag 1: Kontrolle der Linie

- **Ziel**: Verbessern Sie die Qualität Ihrer Linie.
- **Aufgabe**: Zeichne parallele Linien, konzentrische Kreise und Zickzacklinien.
- **Tipp**: Behalten Sie eine ruhige Hand und überstürzen Sie nichts.

Tag 2: Grundformen

- **Ziel**: Verstehen der Bausteine des Zeichnens.
- **Aufgabe**: Zeichne Kreise, Quadrate und Dreiecke in verschiedenen Größen und Winkeln.
- **Tipp**: Verwende Hilfslinien, um die Proportionen der Formen einzuhalten.

Tag 3: Schattierungstechniken

- **Ziel**: Verschiedene Schattierungsmethoden erkunden.
- **Aufgabe**: Schattiere eine Kugel mit Hilfe von Schraffuren, Kreuzschraffuren und Tupfen.
- **Tipp**: Achten Sie auf die Lichtquelle.

Tag 4: Zeichnen nach dem Leben - eine Pflanze

- **Ziel**: Das beobachtende Zeichnen üben.
- **Aufgabe**: Zeichne eine Pflanze oder Blume aus deiner Umgebung.
- **Tipp**: Achte auf Proportionen und negativen Raum.

Tag 5: Ein-Punkt-Perspektive

- **Ziel**: Erlernen der grundlegenden Perspektive.
- **Aufgabe**: Zeichne einen einfachen Raum in der Ein-Punkt-Perspektive.
- **Tipp**: Alle Linien sollten zu einem einzigen Fluchtpunkt zusammenlaufen.

Tag 6: Gestenzeichnung

- **Ziel**: Die Essenz der Bewegung einfangen.
- **Aufgabe**: Fertige 10 Gestenzeichnungen von Menschen oder Tieren an.
- **Tipp**: Konzentriere dich auf den Fluss der Wirbelsäule und der Gliedmaßen, nicht auf die Details.

Tag 7: Gesichtszüge

- **Ziel**: Die Details der Gesichtszüge verstehen.
- **Aufgabe**: Zeichne Augen, Nase und Mund in verschiedenen Winkeln.
- **Tipp**: Verwende Referenzfotos für Abwechslung.

Tag 8: Untersuchung von Texturen

- **Ziel**: Experimentieren mit dem Erstellen von Texturen.
- **Aufgabe**: Zeichne verschiedene natürliche Texturen wie Holz, Stein und Fell.
- **Tipp**: Experimentiere mit verschiedenen Schattierungen von Stiften oder Pinselarten.

Tag 9: Negativer Raum

- **Ziel:** Lernen, den Raum um Objekte herum zu sehen.
- **Aufgabe:** Zeichne einen Stuhl und konzentriere dich dabei nur auf den Raum um ihn herum.
- **Tipp:** Betrachte den Raum als ein Objekt für sich.

Tag 10: Studium der Meister

- **Ziel:** Von den Meistern lernen.
- **Aufgabe:** Wähle ein Kunstwerk und zeichne einen Ausschnitt davon.
- **Tipp:** Konzentriere dich darauf, das Wesentliche zu erfassen, nicht auf eine exakte Kopie.

Tag 11: Organische Formen

- **Ziel:** Zeichnen Sie komplexe organische Formen.
- **Aufgabe:** Skizziere Früchte oder Gemüse mit unregelmäßigen Formen.
- **Tipp:** Zerlege die Form zunächst in einfachere Formen.

Tag 12: Menschliche Anatomie

- **Ziel:** Grundlegendes Verständnis der menschlichen Proportionen.
- **Aufgabe:** Zeichne eine vollständige menschliche Figur.
- **Tipp:** Verwende die Kopflänge, um die Proportionen zu erhalten.

Tag 13: Zwei-Punkt-Perspektive

- **Ziel:** Verstehen einer komplexeren Perspektive.
- **Aufgabe:** Zeichne ein Gebäude oder eine Stadtlandschaft in Zweipunktperspektive.
- **Tipp** : Verwende ein Lineal, um deine Linien gerade zu halten.

Tag 14: Stillleben

- **Ziel:** Das Zeichnen von Leben üben.
- **Aufgabe:** Stelle ein Stillleben mit 3-4 Gegenständen auf und zeichne es.
- **Tipp:** Berücksichtige die Lichtquelle und ihre Auswirkungen auf die Objekte.

Tag 15: Farbgrundlagen

- **Ziel:** Einführung in die Farbtheorie.
- **Aufgabe:** Erstellen Sie einen einfachen Farbkreis.
- **Tipp:** Verwende Primär-, Sekundär- und Tertiärfarben.

Tag 16: Dynamische Posen

- **Ziel:** Bewegung und Emotionen einfangen.
- **Aufgabe:** Zeichne eine menschliche Figur in einer dynamischen Pose, z. B. beim Springen oder Tanzen.
- **Tipp:** Verwende Gestenlinien, um Bewegung zu vermitteln.

Tag 17: Tierische Anatomie

- **Ziel:** Nuancen beim Zeichnen von Tieren erkunden.
- **Aufgabe:** Skizziere ein Tier deiner Wahl und konzentriere dich dabei auf seine charakteristischen Merkmale.
- **Tipp:** Verstehe bei pelzigen Tieren die Richtung des Fells.

Tag 18: Skala der Werte

- **Ziel:** Beherrschung des Hell-Dunkel-Bereichs.
- **Aufgabe:** Erstellen Sie eine Werteskala von Weiß bis Schwarz.
- **Tipp:** Verwende gleichmäßigen Druck und baue die Ebenen schrittweise auf.

Tag 19: Atmosphärische Perspektive

- **Ziel:** Tiefe in Landschaften erzeugen.
- **Aufgabe:** Zeichne eine Landschaft mit Objekten, die in der Ferne verschwinden.
- **Tipp:** Verwende hellere Linien für entfernte Objekte.

Tag 20: Porträtieren

- **Ziel:** Ein Bildnis einfangen.
- **Aufgabe:** Zeichne ein Porträt nach einem Foto oder nach dem Leben.
- **Tipp:** Nimm dir Zeit, um die richtigen Proportionen zu finden.

Tag 21: Gekreuzte Umrisslinien

- **Ziel:** Verständnis für Volumen und Form.
- **Aufgabe:** Zeichne einen einfachen Gegenstand mit gekreuzten Umrisslinien.
- **Tipp:** Stell dir vor, dass du das Objekt mit Gummibändern umwickelst.

Tag 22: Feder- und Tuschetechniken

- **Ziel:** Vertraut werden mit der Tuschezeichnung.
- **Aufgabe** : Erstellen Sie eine kleine Zeichnung mit Feder und Tusche.
- **Tipp:** Übe die Variation von Strich- und Tuschetechniken.

Tag 23: Spiegelungen und Transparenz

- **Ziel:** Spiegelnde Oberflächen erfassen.
- **Aufgabe:** Zeichne ein Glas oder einen glänzenden Gegenstand.
- **Tipp:** Beachte, wie das Licht mit dem Objekt interagiert.

Tag 24: Stadtskizzen

- **Ziel:** Schnelle Live-Skizze.
- **Aufgabe:** Gehen Sie nach draußen und skizzieren Sie schnell eine Szene.
- **Tipp:** Konzentrieren Sie sich darauf, das Wesentliche zu erfassen, nicht die Details.

Tag 25: Aquarell-Grundlagen

- **Ziel:** Einführung in das Aquarellieren.
- **Aufgabe:** Erstellen Sie eine einfache Lavierung und eine verwischte Lavierung.
- **Tipp:** Befeuchten Sie das Papier, um glattere Verläufe zu erzielen.

Tag 26: Action-Linien

- **Ziel:** Die Bewegung betonen.
- **Aufgabe:** Zeichne eine sich bewegende Figur unter Verwendung von Aktionslinien.
- **Tipp:** Betrachte die Aktionslinie als "Rückgrat" der Figur.

Tag 27: Verkürzungen

- **Ziel:** Die Perspektive von Figuren verstehen.
- **Aufgabe:** Zeichnen Sie eine Figur mit Verkürzungen.
- **Tipp:** Verwende Ovale und Kreise, um die Proportionen zu bestimmen.

Tag 28: Abstrakte Kunst

- Ziel: Sich vom Realismus wegbewegen.
- Aufgabe: Erstellen Sie eine abstrakte Zeichnung.
- **Tipp:** Lassen Sie sich gehen; es gibt keine falschen Antworten.

Tag 29: Überarbeitung und Überprüfung

- Ziel: Erkenne deinen Fortschritt.
- Aufgabe: Überarbeite deine Aufgabe von Tag 1.
- **Tipp:** Vergleiche und schätze deinen Fortschritt.

Tag 30: Freies Zeichnen

- Ziel: Zeigen Sie Ihr Können und Ihre Kreativität.
- **Aufgabe:** Zeichne, was du willst.
- **Tipp:** Feiern Sie diesen Moment; Sie haben ihn sich verdient.

Herzlichen Glückwunsch, Sie haben eine einmonatige Reise des künstlerischen Wachstums abgeschlossen! Denken Sie daran, dass der eigentliche Sieg nicht in der perfekten Ausführung liegt, sondern in dem kontinuierlichen Engagement und der unermüdlichen Neugier, die Sie an den Tag gelegt haben. Vergleichen Sie Ihre Arbeit von Tag 30 mit der Arbeit von Tag 1: Sie werden den Unterschied sehen!

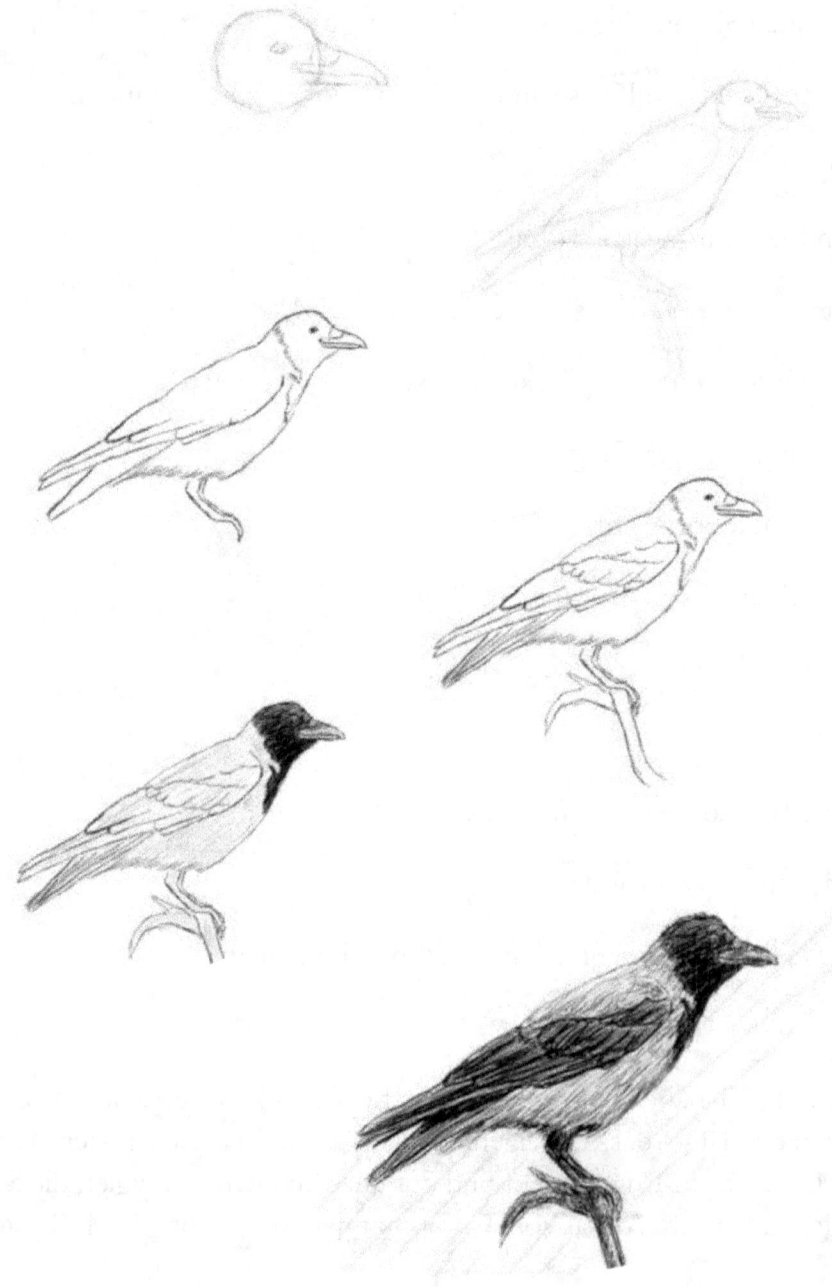

Zeichnen Lernen

Zeichnen Lernen

Bonus 2: Das persönliche Kunsttagebuch

Ihr Raum, um Fortschritte zu verfolgen, Inspirationen zu notieren und Ihre kreativen Gedanken zu formulieren. Betrachten Sie es als Ihren künstlerischen Vertrauten, der immer an Ihrer Seite ist.

Enthaltene Abschnitte:

Wöchentlicher Progress Tracker

- Zweck: Notieren Sie die von Ihnen geübten Fähigkeiten und die Bereiche, in denen Sie sich verbessert haben.
- Funktionen: Spalten für Datum, geübte Fertigkeiten, verbrachte Stunden und persönliche Notizen.

Stimmungswand

- Zweck: Hier können Sie Ihre Inspirationen einfügen, seien es Farben, Formen oder Kunstwerke, die Ihre Kreativität anregen.
- Eigenschaften: Leere Seiten zum Einfügen Ihrer Inspirationen, mit Linien daneben für Notizen.

Projekt-Planer

- Zweck: Für die Planung Ihrer größeren Kunstprojekte.
- Merkmale: Abschnitte für Projekttitel, benötigte Materialien, Zeitplan und Schritt-für-Schritt-Aufgabenliste.

Ideengenerator

- Zweck: Wenn Sie eine kreative Blockade haben, finden Sie in diesem Abschnitt Anregungen zum Zeichnen.

- Merkmale: Eine Liste mit Zeichenanregungen und Platz für Skizzen.

Selbstbeurteilung

- Zweck: Reflektieren Sie über Ihre monatliche künstlerische Reise.
- Merkmale: Fragen, die Sie auffordern, über Ihre Herausforderungen, Erfolge und nächsten Schritte nachzudenken.

Galerie-Seiten

- Zweck: Ein Platz zum Einfügen oder Skizzieren Ihrer besten Werke des Monats.
- Merkmale: Leere Seiten für Ihre Kunstwerke.

Notizen und Kritzeleien

- Zweck: Ein offener Platz für alle anderen Informationen, die Sie dokumentieren möchten.
- Eigenschaften: Linierte und unlinierte Seiten für Text und Kritzeleien.

Zeichnen Lernen

Wöchentlicher Progress Tracker

Datum	Geübte Fertigkeit	Geleistete Stunden	Notizen

Mood Board:

(Fügen Sie hier Ihre Inspirationen ein oder zeichnen Sie sie)

Anmerkungen:

Projekt-Planer:

Projekttitel:

Benötigte Materialien:

Zeitplan:

Aufgabenliste:

Ideengeber:

Aufforderung zum Zeichnen:

- Eine Landschaft, die du noch nie gesehen hast, aber gerne besuchen würdest.
- Ein abstrakter Ausdruck Ihrer aktuellen Stimmung.
- Ihr Lieblingstier, das etwas Unerwartetes tut.

Thumbnail-Skizzen:

Selbstrevision:

Was waren Ihre 3 größten Erfolge in diesem Monat auf Ihrem künstlerischen Weg?

Vor welchen Herausforderungen standen Sie und wie haben Sie diese gemeistert?

Was sind Ihre künstlerischen Ziele für den kommenden Monat?

Galerie-Seiten:

(Platzieren oder zeichnen Sie hier Ihre Lieblingsstücke).

Notizen und Kritzeleien:

(Ihr Platz für zusätzliche Gedanken, Kritzeleien oder Notizen).

Wöchentlicher Progress Tracker

Datum	Geübte Fertigkeit	Geleistete Stunden	Notizen

Mood Board:

(Fügen Sie hier Ihre Inspirationen ein oder zeichnen Sie sie)

Anmerkungen:

Projekt-Planer:

Projekttitel:

Benötigte Materialien:

Zeitplan:

Aufgabenliste:

Ideengeber:

Aufforderung zum Zeichnen:

- Eine Landschaft, die du noch nie gesehen hast, aber gerne besuchen würdest.
- Ein abstrakter Ausdruck Ihrer aktuellen Stimmung.
- Ihr Lieblingstier, das etwas Unerwartetes tut.

Thumbnail-Skizzen:

Selbstrevision:

Was waren Ihre 3 größten Erfolge in diesem Monat auf Ihrem künstlerischen Weg?

Vor welchen Herausforderungen standen Sie und wie haben Sie diese gemeistert?

Was sind Ihre künstlerischen Ziele für den kommenden Monat?

Galerie-Seiten:

Hier können Sie Ihre Lieblingsstücke platzieren oder zeichnen).

Notizen und Kritzeleien:

(Ihr Platz für zusätzliche Gedanken, Kritzeleien oder Notizen).

Wöchentlicher Progress Tracker

Datum	Geübte Fertigkeit	Geleistete Stunden	Notizen

Mood Board:

(Fügen Sie hier Ihre Inspirationen ein oder zeichnen Sie sie)

Anmerkungen:

Projekt-Planer:

Projekttitel:

Benötigte Materialien:

Zeitplan:

Aufgabenliste:

Ideengeber:

Aufforderung zum Zeichnen:

- Eine Landschaft, die du noch nie gesehen hast, aber gerne besuchen würdest.
- Ein abstrakter Ausdruck Ihrer aktuellen Stimmung.
- Ihr Lieblingstier, das etwas Unerwartetes tut.

Thumbnail-Skizzen:

Selbstrevision:

Was waren Ihre 3 größten Erfolge in diesem Monat auf Ihrem künstlerischen Weg?

Vor welchen Herausforderungen standen Sie und wie haben Sie diese gemeistert?

Was sind Ihre künstlerischen Ziele für den kommenden Monat?

Galerie-Seiten:

Hier können Sie Ihre Lieblingsstücke platzieren oder zeichnen).

Notizen und Kritzeleien:

(Ihr Platz für zusätzliche Gedanken, Kritzeleien oder Notizen).

Wöchentlicher Progress Tracker

Datum	Geübte Fertigkeit	Geleistete Stunden	Notizen

Mood Board:

(Fügen Sie hier Ihre Inspirationen ein oder zeichnen Sie sie)

Anmerkungen:

Projekt-Planer:

Projekttitel:

Benötigte Materialien:

Zeitplan:

Aufgabenliste:

Ideengeber:

Aufforderung zum Zeichnen:

- Eine Landschaft, die du noch nie gesehen hast, aber gerne besuchen würdest.
- Ein abstrakter Ausdruck Ihrer aktuellen Stimmung.
- Ihr Lieblingstier, das etwas Unerwartetes tut.

Thumbnail-Skizzen:

Selbstrevision:

Was waren Ihre 3 größten Erfolge in diesem Monat auf Ihrem künstlerischen Weg?

Vor welchen Herausforderungen standen Sie und wie haben Sie diese gemeistert?

Was sind Ihre künstlerischen Ziele für den kommenden Monat?

Galerie-Seiten:

Hier können Sie Ihre Lieblingsstücke platzieren oder zeichnen).

Notizen und Kritzeleien:

(Ihr Platz für zusätzliche Gedanken, Kritzeleien oder Notizen).

Wöchentlicher Progress Tracker

Datum	Geübte Fertigkeit	Geleistete Stunden	Notizen

Mood Board:

(Fügen Sie hier Ihre Inspirationen ein oder zeichnen Sie sie)

Anmerkungen:

Projekt-Planer:

Projekttitel:

Benötigte Materialien:

Zeitplan:

Aufgabenliste:

Ideengeber:

Aufforderung zum Zeichnen:

- Eine Landschaft, die du noch nie gesehen hast, aber gerne besuchen würdest.
- Ein abstrakter Ausdruck Ihrer aktuellen Stimmung.
- Ihr Lieblingstier, das etwas Unerwartetes tut.

Thumbnail-Skizzen:

Selbstrevision:

Was waren Ihre 3 größten Erfolge in diesem Monat auf Ihrem künstlerischen Weg?

Vor welchen Herausforderungen standen Sie und wie haben Sie diese gemeistert?

Was sind Ihre künstlerischen Ziele für den kommenden Monat?

Zeichnen Lernen

Galerie-Seiten:

Hier können Sie Ihre Lieblingsstücke platzieren oder zeichnen).

Notizen und Kritzeleien:

(Ihr Platz für zusätzliche Gedanken, Kritzeleien oder Notizen).

Wöchentlicher Progress Tracker

Datum	Geübte Fertigkeit	Geleistete Stunden	Notizen

Mood Board:

(Fügen Sie hier Ihre Inspirationen ein oder zeichnen Sie sie)

Anmerkungen:

Projekt-Planer:

Projekttitel:

Benötigte Materialien:

Zeitplan:

Aufgabenliste:

Ideengeber:

Aufforderung zum Zeichnen:

- Eine Landschaft, die du noch nie gesehen hast, aber gerne besuchen würdest.
- Ein abstrakter Ausdruck Ihrer aktuellen Stimmung.
- Ihr Lieblingstier, das etwas Unerwartetes tut.

Thumbnail-Skizzen:

Selbstrevision:

Was waren Ihre 3 größten Erfolge in diesem Monat auf Ihrem künstlerischen Weg?

Vor welchen Herausforderungen standen Sie und wie haben Sie diese gemeistert?

Was sind Ihre künstlerischen Ziele für den kommenden Monat?

Galerie-Seiten:

Hier können Sie Ihre Lieblingsstücke platzieren oder zeichnen).

Notizen und Kritzeleien:

(Ihr Platz für zusätzliche Gedanken, Kritzeleien oder Notizen).

Wöchentlicher Progress Tracker

Datum	Geübte Fertigkeit	Geleistete Stunden	Notizen

Mood Board:

(Fügen Sie hier Ihre Inspirationen ein oder zeichnen Sie sie)

Anmerkungen:

Projekt-Planer:

Projekttitel:

Benötigte Materialien:

Zeitplan:

Aufgabenliste:

Ideengeber:

Aufforderung zum Zeichnen:

- Eine Landschaft, die du noch nie gesehen hast, aber gerne besuchen würdest.
- Ein abstrakter Ausdruck Ihrer aktuellen Stimmung.
- Ihr Lieblingstier, das etwas Unerwartetes tut.

Thumbnail-Skizzen:

Selbstrevision:

Was waren Ihre 3 größten Erfolge in diesem Monat auf Ihrem künstlerischen Weg?

Vor welchen Herausforderungen standen Sie und wie haben Sie diese gemeistert?

Was sind Ihre künstlerischen Ziele für den kommenden Monat?

Galerie-Seiten:

Hier können Sie Ihre Lieblingsstücke platzieren oder zeichnen).

Notizen und Kritzeleien:

(Ihr Platz für zusätzliche Gedanken, Kritzeleien oder Notizen).

Wöchentlicher Progress Tracker

Datum	Geübte Fertigkeit	Geleistete Stunden	Notizen

Mood Board:

(Fügen Sie hier Ihre Inspirationen ein oder zeichnen Sie sie)

Anmerkungen:

Projekt-Planer:

Projekttitel:

Benötigte Materialien:

Zeitplan:

Aufgabenliste:

Ideengeber:

Aufforderung zum Zeichnen:

- Eine Landschaft, die du noch nie gesehen hast, aber gerne besuchen würdest.
- Ein abstrakter Ausdruck Ihrer aktuellen Stimmung.
- Ihr Lieblingstier, das etwas Unerwartetes tut.

Thumbnail-Skizzen:

Selbstrevision:

Was waren Ihre 3 größten Erfolge in diesem Monat auf Ihrem künstlerischen Weg?

Vor welchen Herausforderungen standen Sie und wie haben Sie diese gemeistert?

Was sind Ihre künstlerischen Ziele für den kommenden Monat?

Galerie-Seiten:

Hier können Sie Ihre Lieblingsstücke platzieren oder zeichnen).

Notizen und Kritzeleien:

(Ihr Platz für zusätzliche Gedanken, Kritzeleien oder Notizen).

Wöchentlicher Progress Tracker

Datum	Geübte Fertigkeit	Geleistete Stunden	Notizen

Mood Board:

(Fügen Sie hier Ihre Inspirationen ein oder zeichnen Sie sie)

Anmerkungen:

Projekt-Planer:

Projekttitel:

Benötigte Materialien:

Zeitplan:

Aufgabenliste:

Ideengeber:

Aufforderung zum Zeichnen:

- Eine Landschaft, die du noch nie gesehen hast, aber gerne besuchen würdest.
- Ein abstrakter Ausdruck Ihrer aktuellen Stimmung.
- Ihr Lieblingstier, das etwas Unerwartetes tut.

Thumbnail-Skizzen:

Selbstrevision:

Was waren Ihre 3 größten Erfolge in diesem Monat auf Ihrem künstlerischen Weg?

Vor welchen Herausforderungen standen Sie und wie haben Sie diese gemeistert?

Was sind Ihre künstlerischen Ziele für den kommenden Monat?

Galerie-Seiten:

Hier können Sie Ihre Lieblingsstücke platzieren oder zeichnen).

Notizen und Kritzeleien:

(Ihr Platz für zusätzliche Gedanken, Kritzeleien oder Notizen).

Wöchentlicher Progress Tracker

Datum	Geübte Fertigkeit	Geleistete Stunden	Notizen

Mood Board:

(Fügen Sie hier Ihre Inspirationen ein oder zeichnen Sie sie)

Anmerkungen:

Projekt-Planer:

Projekttitel:

Benötigte Materialien:

Zeitplan:

Aufgabenliste:

Ideengeber:

Aufforderung zum Zeichnen:

- Eine Landschaft, die du noch nie gesehen hast, aber gerne besuchen würdest.
- Ein abstrakter Ausdruck Ihrer aktuellen Stimmung.
- Ihr Lieblingstier, das etwas Unerwartetes tut.

Thumbnail-Skizzen:

Selbstrevision:

Was waren Ihre 3 größten Erfolge in diesem Monat auf Ihrem künstlerischen Weg?

Vor welchen Herausforderungen standen Sie und wie haben Sie diese gemeistert?

Was sind Ihre künstlerischen Ziele für den kommenden Monat?

Galerie-Seiten:

Hier können Sie Ihre Lieblingsstücke platzieren oder zeichnen).

Notizen und Kritzeleien:

(Ihr Platz für zusätzliche Gedanken, Kritzeleien oder Notizen).

Wöchentlicher Progress Tracker

Datum	Geübte Fertigkeit	Geleistete Stunden	Notizen

Mood Board:

(Fügen Sie hier Ihre Inspirationen ein oder zeichnen Sie sie)

Anmerkungen:

Projekt-Planer:

Projekttitel:

Benötigte Materialien:

Zeitplan:

Aufgabenliste:

Ideengeber:

Aufforderung zum Zeichnen:

- Eine Landschaft, die du noch nie gesehen hast, aber gerne besuchen würdest.
- Ein abstrakter Ausdruck Ihrer aktuellen Stimmung.
- Ihr Lieblingstier, das etwas Unerwartetes tut.

Thumbnail-Skizzen:

Selbstrevision:

Was waren Ihre 3 größten Erfolge in diesem Monat auf Ihrem künstlerischen Weg?

Vor welchen Herausforderungen standen Sie und wie haben Sie diese gemeistert?

Was sind Ihre künstlerischen Ziele für den kommenden Monat?

Galerie-Seiten:

Hier können Sie Ihre Lieblingsstücke platzieren oder zeichnen).

Notizen und Kritzeleien:

(Ihr Platz für zusätzliche Gedanken, Kritzeleien oder Notizen).

Wöchentlicher Progress Tracker

Datum	Geübte Fertigkeit	Geleistete Stunden	Notizen

Mood Board:

(Fügen Sie hier Ihre Inspirationen ein oder zeichnen Sie sie)

Anmerkungen:

Projekt-Planer:

Projekttitel:

Benötigte Materialien:

Zeitplan:

Aufgabenliste:

Ideengeber:

Aufforderung zum Zeichnen:

- Eine Landschaft, die du noch nie gesehen hast, aber gerne besuchen würdest.
- Ein abstrakter Ausdruck Ihrer aktuellen Stimmung.
- Ihr Lieblingstier, das etwas Unerwartetes tut.

Thumbnail-Skizzen:

Selbstrevision:

Was waren Ihre 3 größten Erfolge in diesem Monat auf Ihrem künstlerischen Weg?

Vor welchen Herausforderungen standen Sie und wie haben Sie diese gemeistert?

Was sind Ihre künstlerischen Ziele für den kommenden Monat?

Galerie-Seiten:

Hier können Sie Ihre Lieblingsstücke platzieren oder zeichnen).

Notizen und Kritzeleien:

(Ihr Platz für zusätzliche Gedanken, Kritzeleien oder Notizen).

Wöchentlicher Progress Tracker

Datum	Geübte Fertigkeit	Geleistete Stunden	Notizen

Mood Board:

(Fügen Sie hier Ihre Inspirationen ein oder zeichnen Sie sie)

Anmerkungen:

Projekt-Planer:

Projekttitel:

Benötigte Materialien:

Zeitplan:

Aufgabenliste:

Ideengeber:

Aufforderung zum Zeichnen:

- Eine Landschaft, die du noch nie gesehen hast, aber gerne besuchen würdest.
- Ein abstrakter Ausdruck Ihrer aktuellen Stimmung.
- Ihr Lieblingstier, das etwas Unerwartetes tut.

Thumbnail-Skizzen:

Selbstrevision:

Was waren Ihre 3 größten Erfolge in diesem Monat auf Ihrem künstlerischen Weg?

Vor welchen Herausforderungen standen Sie und wie haben Sie diese gemeistert?

Was sind Ihre künstlerischen Ziele für den kommenden Monat?

Galerie-Seiten:

Hier können Sie Ihre Lieblingsstücke platzieren oder zeichnen).

Notizen und Kritzeleien:

(Ihr Platz für zusätzliche Gedanken, Kritzeleien oder Notizen).

Wöchentlicher Progress Tracker

Datum	Geübte Fertigkeit	Geleistete Stunden	Notizen

Mood Board:

(Fügen Sie hier Ihre Inspirationen ein oder zeichnen Sie sie)

Anmerkungen:

Projekt-Planer:

Projekttitel:

Benötigte Materialien:

Zeitplan:

Aufgabenliste:

Ideengeber:

Aufforderung zum Zeichnen:

- Eine Landschaft, die du noch nie gesehen hast, aber gerne besuchen würdest.
- Ein abstrakter Ausdruck Ihrer aktuellen Stimmung.
- Ihr Lieblingstier, das etwas Unerwartetes tut.

Thumbnail-Skizzen:

Selbstrevision:

Was waren Ihre 3 größten Erfolge in diesem Monat auf Ihrem künstlerischen Weg?

Vor welchen Herausforderungen standen Sie und wie haben Sie diese gemeistert?

Was sind Ihre künstlerischen Ziele für den kommenden Monat?

Galerie-Seiten:

Hier können Sie Ihre Lieblingsstücke platzieren oder zeichnen).

Notizen und Kritzeleien:

(Ihr Platz für zusätzliche Gedanken, Kritzeleien oder Notizen).

Zeichnen Lernen

www.ingramcontent.com/pod-product-compliance
Lightning Source LLC
Chambersburg PA
CBHW082340220526
45470CB00008B/2587